MW01165885

1

ET MOI DANS TOUT CA ?

RÉFLEXIONS SUR L'ARGENT, LA MODE, LES BOÎTES... ET L'ÂME !

LIVIA SARAH ATLAN

3

ET MOI DANS TOUT CA ?

RÉFLEXIONS SUR L'ARGENT, LA MODE, LES BOÎTES... ET L'ÂME !

PIRSOUMANESS

L'écriture de ce livre, n'est rien comparée à la complexité toute entière de l'être humain. Les tenants et les aboutissants ne peuvent y être relatés dans leur intégralité à cause de la multitude qui les compose.

Ce livre serait un peu comme quelques goutte de mer, rapportées jusqu'à vous, pour vous décrire l'océan tout entier.

Prologue

7

Styliste, 23ans, mariée. La mode est ma passion, mais j'en ai d'autres... La décoration d'intérieur, les romans, les séries, les magazines, les boutiques conceptuelles de Paris. L'aéroport me procure de l'adrénaline. J'aime les expos, les musées, la culture. Je vénère les marques, les reportages sur Lagerfeld et Marc Jacob. J'apprécie voyager, j'aime l'instabilité.

Et instable je veux le rester.

Mon métier me permet de voyager un mois sur deux à Paris, pour me fournir. Ah ! Paris is Paris, et Colette laisse en moi un parfum enivrant. Les clients Israéliens apprécient mon goût, et moi, je me délecte de ma réussite créative et financière. Fidèle à Facebook et tous ces commentaires d'anciens amis retrouvés, je ne me lasse pas de lire les mails témoignant de l'admiration que l'on me porte... « Mais! Je rêve! Mon amoureux d'enfance!» Je me sens belle, je me sens exister. Je ne dors pas la nuit, je sors beaucoup en boîte, je me lève tard. Je n'ai pas d'emploi du temps établi, et cela me plait.

Aucune contrainte.

Sauf le Chabat, je ne travaille pas. Maman a su inculquer chez nous ce jour saint. Contraignant mais Saint. Peu importe, samedi soir est vite arrivé...sauf en été.

J'ai des envies et beaucoup d'ambitions: acquérir un chien, il sera mon meilleur ami ! Être très riche et accessoirement populaire. Connaitre les nouveautés avant tous. Lire le dernier Beigbeder et voir le dernier thriller de Kim Chapiron avec Vincent Cassel. Etre fabuleuse. M'être réédifié le nez et teinte en blonde ne me suffit pas. Mon image doit être parfaite, comme dans les journaux. Maman ne comprend pas cette course à la richesse.

-« Ma fille, la vie c'est pas seulement l'argent. »

-« Et pourquoi pas ? Aujourd'hui on ne fait rien sans argent »

 -« Tu ne peux pas centrer tous tes efforts sur l'argent, tu risques de rater l'essentiel. »

-« Comme quoi ? Qu'est-ce que t'en sais toi que l'argent ça rend pas heureux ? T'en as jamais eu ! »

-« Alors Paola ?! »

-« Ben quoi ! C'est vrai. Tu n'arrives pas à comprendre que la seule chose qui m'intéresse, c'est l'argent et y'a que grâce à ça que j'y arriverai. Vous serez tous choqués de voir comment je vais m'en sortir! Si ma motivation vous dérange tant pis pour vous ! »

-« Ma fille, c'est dommage de penser ça »

-« Mais c'est dommage pour qui !!!? Quand est-ce que tu seras fière de moi ? »

-« Je n'ai pas besoin de ça pour être fière de toi. »

-« Eh ben moi si ! Je serais fière de moi quand j'y serais arrivée ! J'en ai assez de pas être comprise ! Y'en a pas un qui sait de quoi je parle. Moi je veux m'en sortir. Je veux y arriver coûte que coûte, tu comprends ça ?! Tu comprends ?! »

-« D'accord j'ai compris ma fille chérie. Allez, arrête de pleurer. »

Plus que quelques instants interminables avant que la FASHION WEEK ne débute. Isabel Marrant a frappé fort cet automne; Chanel, au chic désinvolte, est égal à lui-même; Balenciaga relance le sempiternel pantalon d'équitation pour femme.

Quelle ébullition de renouveau !

A Paris, l'effervescence est à son paroxysme, la créativité atteint des sommets de recrudescence. Ici et là, un groupe de N.E.R.D New-Age, grosses binocles de vue à monture noire, jupe délavée aux motifs fleuris, façon papier peint anglais, art&craft, t-shirt vaporeux couleur rose nude. Talons Christian Dior et autre Jimmy Choo, furieusement surélevés. Immobiles, arborant un air grave, ils dissertent du poids de ce mannequin tellement en vogue. Je jubile de faire partie de ce monde tellement inaccessible. Les vedettes au teint sublime côtoient des créateurs rondouillards extraordinairement à l'aise.

A la fois émue et exaltée, je chemine, regarde, m'inspire, rêve de tout posséder. J'ai plus d'endurance que mes propres baskets. Les 6000 pas quotidiens ont largement été battus. Dans cette course folle, la moquette du salon de la mode est mon unique partenaire.

Seule dans ma chambre d'hôtel, je bombarde mon esprit : un OFFICIEL, un VOGUE, et moins glorieux mais si friand, un VOICI. Apres tout cette lecture, j'ambitionne d'acheter un chiwawa!

De retour dans ma banlieue de Jérusalem, aux antipodes de mon existence, la dissonance se fait violente. Un lourd sentiment de contradiction s'empare de moi. Bien opportunément le gros de mon travail se déroule à Tel-Aviv. Soixante minutes de route plus loin, et un long flot de lounge music palpitant savouré, j'entrevoie les immeubles Bahaus, typiques de Tel-Aviv. Je ressens alors seulement un pied-à-terre, à mon âme. J'appartiens à ce lieu transcendant. La contiguïté des gratte-ciels modernes aux maisons de style colonial ainsi qu'aux bâtiments Form Follows Function des années 20, est unique au monde. « Trendy » comme ils disent.

C'est ici que je rencontre les grands de la mode Israélienne. Des gens gentils, intéressants et accessibles. L'accessibilité était propre au Juif, et j'allais le découvrir. On s'accorde. On a les mêmes codes. Ils m'admirent un peu, et mon avis les intéresse. C'est en avant-première qu'ils me confèrent un aperçu de leur prochaine collection. Mon appréciation les conforte.

- « Bari ! Tu as vu ce que je t'ai rapporté ? »

- « Paola, dis-moi, je suis bien le seul à qui tu vends ces accessoires ? Je ne veux pas les voir ailleurs ! »

- « Bari, tu passes avant tout le monde, tu le sais bien! Tu es toujours le premier que je visite. »

- « Paola tu sais que je t'aime. Ben quoi ! Fais pas cette tête, je sais que tu es mariée, je dis ça pour rire...mais dis-moi que tu m'aimes. »

- « Je t'aime de la même façon que j'aime mon travail. »

- « Ah ! C'est tout ? Bon soyons sérieux, tu as vu la nouvelle collection ? Quelle prédiction tu as pour elle ? »

- « Ça va marcher Bari, c'est fabuleux. Quel raffinement de matières et de coupes. Tu as un doute ? »

- « Non ! »

- «Bon alors, tu me prends ces colliers ?»

- «J'aime ton parfum. C'est quoi ?»

- «L'air de Colette.»

- «J'adore ce concept store.»

- «Moi aussi. Je t'en mets dix ?»

- «Repasse Mardi, pour prendre ton chèque.»

-« Il n'y a aucun problème. C'est un plaisir de traiter avec toi Bari. »

-« Allez Shalom ! »

A la suite d'une longue journée de travail, je retrouve mon coach de tennis pour évacuer tout le stress que le métier de la vente suscite. C'est naturellement que ce grand Ethiopien, pourtant marié, m'adresse des propos légers sur un ton enjoué. Poliment je réponds, tentant de ne pas laisser s'échapper une arrogance qui pourrait le vexer, art que j'ai développé grâce à mon métier.

Après une heure de renvois de balles et d'invitations versatiles à la flatterie et nombre d'œillades appuyées, je regagne ma voiture. Un grand vide s'empare de moi.

Cette infinie résonnance d'insignifiance ne me quitte plus. Le phénomène ne m'est pas étranger. Je ne saurais dire quand il s'est manifesté pour la première fois. Il me gagne impunément plusieurs fois par an.

Suis-je la seule à éprouver cet étrange énergumène ? Mon existence est-elle aussi insipide que tente de me le communiquer ce triste symptôme ? La manifestation dure de longues et infinies secondes.

Arrivée chez moi, je jette un Shnitsel surgelé dans une poêle au fond brulé, vestige d'un précèdent dîner. Je m'affale sur le fauteuil, utilisant mes dernières forces à zapper, à la recherche d'un fastueux programme, qui aurait le pouvoir d'éradiquer le contrecoup de l'épisode dans la voiture. Rien n'y fait. Et c'est avec le cœur confus que je vais me coucher.

Le Toutou a sa maman

Le grand jour est arrivé ! Je vais devenir maman d'un adorable petit loulou de Pomeranie, tout droit venu de Russie.

Un chien de race, et quelle race !!!

Un mois de loyer moyen !

Tout est prêt. Sa petite valise remplie d'adorables minuscules vêtements, rose fuchsia, et même un déguisement pour Halloween ainsi qu'un collier en strass, haute joaillerie de la chiennerie...rien n'est trop beau pour mon nouveau compagnon.

Pour l'annoncer à Maman, je lui avais demandé de fermer les yeux. Tout d'abord, ce sont des larmes de joie qui coulèrent de ses yeux noirs profonds et bienveillants, pour se transformer en une expression de doute ! Pourquoi ce body avait-il 4 manches ?

-« Paola !!!! Ma chérie... mais...qu'est-ce que c'est ? »

-« Ben, j'ai commandé un chien maman ! »

-« Un chien !? Mais pour quoi faire ? »

-« Depuis le temps que j'en rêvais ! »

-« Paola qu'est-ce que tu racontes ? Pourquoi ce vêtement ? »

-« C'est un t-shirt pour chien maman ! Ça ne se voit pas ?! »

-« C'est complètement ridicule. Tu m'as fait pleurer, tu es idiote ou quoi ? »

-« Mais Maman ne t'inquiètes pas, un bébé, ça viendra plus tard. Pour m'aider à patienter, je me suis acheté un petit chien. Tu vas voir il est vraiment trop mignon, en plus c'est une pure race. »

-« Qu'est-ce que j'en ai à faire de sa race ! Ma fille, ne fais pas de bêtises s'il te plaît. »

-« Mais quelles bêtises ? Ce n'est pas de ma faute si je me sens seule ! Tu verras tu l'aimeras toi aussi. J'ai déjà trouvé son nom. Il s'appellera Popine. Tu veux venir le chercher à l'aéroport avec moi? »

-« Non vraiment pas ma chérie. »

-« Tu as raison, repose-toi. »

Le rêve que j'avais entretenu, mon rêve concernant les joies de l'élevage allait vite s'avérer être un réel cauchemar.

Après une semaine et 258 rouleaux de papier toilette à bondir après un chien négligent, mon ardeur diminua fortement... Et je conclus ces déboires en faisant appel à un éleveur.

Après plusieurs semaines, nous fûmes conviés pour observer les progrès de Popine. C'est, les larmes aux yeux, que je découvris les premiers pas de mon caniche. Il s'asseyait et repartait selon ses ordres. L'espoir de vivre le bonheur avec mon chien me gagna à nouveau.

Mais très vite, le puits sans fond ressurgit : nourriture, soins du vétérinaire, vaccins, médicaments, niche et autre accessoires, éleveur, baby-sitter... je n'osais m'avouer ma maladresse.

Quatre ans de mariage et pas d'enfants.

Avec mon mari, ça ne va pas ! C'est flou, je ne saurais expliquer le ou les problèmes. Tant de choses nous séparent. Il n'aime pas lire, déteste voir des films. Il abhorre les sorties. La culture est le cadet de ses soucis. Chaque film, chaque roman que je finis, chaque voyage que j'envisage, chaque rencontre, nous éloignent un peu plus. Les rares instants de partage que nous avons sont de bien tristes plateaux-télé face à l'écran bruyant.

Je me revois ingurgiter ce cachet dans le parking du gynécologue... cap ou pas cap ? Comme dans le film. Il a dit que la réaction serait instantanée.

Premier test...positif.

C'est l'allégresse. La joie de l'inconnu. Intensément euphorique. Quelque chose d'essentiel se passe ! JE N'AVAIS PAS IDEE ! Mon mari était tout aussi joyeux, bien que son inquiétude fût palpable. Inquiétude qui ne manqua pas de me vexer. Entre nous, les mots n'affluent pas. Pendant nos échanges, lui est le muet stupéfait et moi l'accusatrice stupéfiante.

Maman découvrit la nouvelle par une boutade. Un mail titré « tu m'en diras des nouvelles ! » contenant un cliché du test. Son aînée avait fini par faire preuve d'essentiel. Au téléphone, ses exclamations de joie mêlées aux sanglots d'émotions avaient su sensibiliser mon cœur, jusque-là circonspect.

C'est en voyage d'affaires, lors d'une visite à Montpellier, que j'annonce la nouvelle à Papa, au moyen d'une dérision qui ne manqua pas de le séduire. Ah ! Son ainée, c'est sacré.

- « Tu veux voir la photo d'une tortue aquatique ? » Il observe l'échographie microscopique et sourit.

- « Je suis content, ma fille. » Lui aussi est en terrain inconnu.

Il me fallut dire au revoir à Popine. Il avait été un compagnon loyal, mais heureusement, il y avait une fin à tout...

Cette fois-ci à la Fnac, le rayon maternité a détrôné celui des romans. Alfred Naouri est devenu mon compagnon de chevet. Les crèmes anti-vergetures ont écarté les mousses anti-cellulites. J'ai troqué mes gélules bronzage contre les cachets de Prénatal.

Neuf mois et tant de questions existentielles aboutissent. Allaitement ou pas, stérilisateur de biberons ou pas. Poser bébé sur maman dès les premiers instants de vie ou point ? Ca y est ! Il point ! Il est chevelu. Pendant un instant son état grisâtre interpelle tout le service. Son manque de respiration et son mutisme inquiète nerveusement la chef... Et moi, droguée par l'adrénaline, je n'y vois rien. Je lui parle, je suis soulevée, je l'aime déjà mon Elias. Mon choix était fait...je m'exclame : « Posez le sur moi ! Posez-le sur moi ! » Oui, le forum maternité tranchait lourdement en faveur de la peau à peau dès la naissance. Il finit par gémir, le service encore sous le choc finit par souffler, maman sèche ses larmes et moi je suis ravie !

Les premiers jours sont emplis d'une intense jubilation. Lorsque l'infirmière m'apporte ce petit bout de chair rosé, tout lavé, chapeauté de son bonnet blanc, et vêtu d'un minuscule kimono en coton, mon cœur bat la chamade.

Je suis éprise.

Lorsque ma maman vient me rendre visite je ressens le même amour à son égard. Soudainement, l'expérience que je viens de vivre a développé en moi une lucidité et une empathie débordante. Comme ça, sans mot, juste à travers l'épreuve physiologique de donner naissance. « Quoi ! C'est comme ça qu'elle m'aime Maman ? »

Mais quelle intensité !

Et tout aussi subitement, je regrette péniblement les affronts et les désobéissances. Le manque de respect et l'indifférence. Le tort que je lui ai causé ! Elle arrive au service, des paquets de pruneaux dans les mains, et je fonds. Je suis si sensibilisée devant l'océan d'admiration que j'éprouve pour Maman, en réalisant alors l'amour inconditionnel qu'elle m'a toujours témoigné. Son sourire, ses joues froides de dehors, son odeur immuable, ses cheveux bouclés, son sweet-shirt doux…je désire tant sa présence, davantage qu'après deux semaines de colonies de vacances.

Elle est là, il est là, rien ne me manque. Je suis dans une bulle. Fortement sensible, et tellement joyeuse.

Mais, me voilà rentrée chez moi, et c'est ainsi que va débuter ma route d'enfer vers le paradis ! L'épreuve de l'allaitement est aussi intolérable que mon obstination à persévérer, en dépit de la souffrance, la fatigue, et du peu de lait. Le manque de sommeil me rend triste, nerveuse et déprimée. Je passe de longues et impitoyables journées à alimenter un nourrisson face à un ordinateur, visionnant toutes les séries existantes de nos jours. Dr house succède à d'autres dont j'ai omis le titre.

Jour après jour commence à se développer en moi un symptôme inquiétant et déstabilisateur. Chaque instant passé en compagnie de mon bébé est mitraillé de pensées et d'images effrayantes. C'est ma phobie qui s'exprime à grande échelle. Que m'arrive-t-il ? Peut-être la fatigue extrême.

Une pensée m'obsède et m'étouffe de jour en jour : chaque homme est un criminel potentiel pour mon bébé!

Chaque seconde où j'observe mon nouveau-né, des idées plus effroyables les unes que les autres entrent par effraction dans mon cerveau. Je ne suis plus maitre de mon imagination. Je n'ose en parler à personne. Comment pourrais-je seulement exprimer l'inexprimable ? Un sentiment d'isolation et de démence me gagne. C'est comme si le coin « archive » de ma tête, lourd de faits et d'images, s'est activé dans mon esprit : tous les films, les infos du midi et du 20h00, les faits divers, les histoires et reportages...emmagasinés en 24 ans de vie se mettent à vociférer au sein de mon encéphale, que je ne préside plus...

Jusqu' au jour où, face à un énième journal de midi, partageant un énième plateau-télé avec mon conjoint, le présentateur, d'un calme barbare, relate un fait divers, un de ceux qui donne froid dans le dos. La photo de la victime jetée en gros plan sur l'écran, les descriptions à vomir, des séquelles endurées ne tardent pas, le tout sur un ton impassible. La goutte de sang versée, supplémentaire, n'allait pas tarder à se rallier au trop plein ! L'éclaboussure interne se fait vivace !

Je hurle ! Je braille, je fulmine, j'injure, je fustige, je pleure, je frappe furieusement sur l'écran.

La solitude est arrivée à son comble, la souffrance m'est devenue insoutenable. Je suis à vif. La maman que je suis devenue a démantelé la coque que je croyais être solide. L'avidité curieuse d'adrénaline a fait place à un cœur endolori qui ne peut plus accepter cette abjecte qualité d'informations. La petite fille violée dans son esprit manifeste sa sensibilité. La totalité des images qu'elle a ingérées à son corps défendant, sous le régime dictateur d'une culture télévisée corrompue, immorale, malsaine et perverse, fait surface. Mon mari est interloqué. « Mais qu'est-ce qu'il t'arrive ! Allo ! Explique-moi ! Tu me fais peur ! »

Rédemption.

J'en étais au dernier épisode de ma dernière série, je ne
sais plus quel titre fétide elle avait. Elle relatait le récit
glorieux d'une fille aux mauvaises mœurs, riche et
épanouie, qui, grâce à son métier, bohème pour le moins,
vivait une vie idyllique. Scène de shopping dans New York
et plan de son loft, à souhait. J'étais mélancolique de
délaisser le personnage et contrariée de n'avoir plus rien
d'exaltant à visionner pendant mon douloureux
allaitement. Soudain je décidais d'utiliser le moteur de
recherche afin de mettre un nom sur ma souffrance
psychologique : pensée obsédante fut le mot. Apparait
alors un flot de résultats. Je clique sur l'un d'eux. A ma
grande stupeur, se révéla à moi la vidéo d'un rabbin, avec
tout l'accoutrement que cela implique. Il donnait des
astuces pour éluder les mauvaises pensées. En réalité, le
cours concernait les hommes pendant la prière. Je décidais
de noter pour tenter la chose. Je ne sais plus quel impact
cela a eu sur moi. Une chose était sûre, ces vidéos allaient
progressivement remplacer les séries. Je buvais chaque
enseignement, telle une vérité absolue. Ma réceptivité fut à
son apothéose. Tout prenait place dans mon esprit et
l'impact n'allait pas tarder à se manifester. Plus rien ne
pouvait arrêter cet engrenage de positivité. La révélation
était claire. Ma flemme allait s'illuminer pour

s'enflammer. Un feu incandescent brulait en moi. Tout venait apaiser mon cœur meurtri.

Tout allait me rapprocher de D.ieu. Ce qu'enseignait le Rav venait purifier mon esprit de ses lourdes duperies. La prise de conscience allait me concilier avec le Créateur. Graduellement, mais indéniablement, mes opinions bien établies allaient profondément s'ébranler. J absorbais, telle une vieille latte séchée, l'huile qu'on voulait bien lui donner. Mon raisonnement, concernant mes rapports amicaux via Facebook, allait prendre leur authentique proportion.

Quant aux rapports hommes\femmes, le Rav expliquait qu'on ne peut se faire confiance jusqu'au jour de sa mort, pour la simple raison que le Créateur a souhaité constituer l'homme physiquement sensible au corps de la femme. Plus la conscience s'affine, plus l'on prend conscience de cette attirance. Mais l'attraction existe et cela est indéniable. C'est peut-être la seule chose à laquelle l'homme ne peut s'habituer ! Il racontait cette anecdote très imagée : « même avec la caissière moustachue de 70 ans, je ne dois pas entretenir de relation de copinage »

L'être humain a été constitué par son Créateur, sensible physiquement, de façon à ce qu'il désire, à travers la reproduction, réaliser le Projet Divin : multiplier le Peuple saint. Dans sa grande beauté, la Torah, à travers Ses lois, vient contenir l'homme et ses pulsions naturelles pour qu'il réalise ce but de la façon la plus pure : dans le cadre du mariage. La femme, elle, a été créée pour attirer son mari, dans leur alliance. Dès lors il est fou d'envisager que cette attirance naturelle puisse avoir lieu n'importe où, n'importe quand, avec n'importe qui. Prenant alors conscience des lois de la pudeur, et des raisons pour lesquelles, Hashem a ordonné à la femme juive d'être pudique, une image m'est alors apparue : en ne respectant pas ces règles, je me suis imaginée telle un éléphant marchant sur des œufs. Et pour cause...

Un homme en bonne santé, doté de tous ses membres et organes vitaux, détient une sensibilité, lorsqu'à la simple vue, ou pensée, des parties du corps de la femme, il réagit par une réaction physique, dans son corps. Ceci s'appelle l'érection. Ça peut sembler cru, pourtant, on ne doit pas l'interpréter comme un acte vulgaire ni grossier.

C'est la nature que D.ieu a créée.

Malheureusement, cette dernière a été associée depuis tant d'années, par les plus grands pervers des sociétés les plus dépravées, à un acte vulgaire et sale.

C'est au contraire la manifestation la plus sainte lorsqu'elle est dirigée vers le Bien et peut mener l'homme vers la Vie. En revanche, il peut aussi l'amener vers la mort, si les conditions de l'acte sont contraires aux lois de la Torah. Cette réaction libère des pertes...en réalité, ce sont, OUI des pertes lorsqu'elles sont libérées en vain, mais au contraire des gains, quand elles sont libérées dans les conditions des lois de Moshe et Israël, dans le but de donner la vie et de se lier à sa femme.

Dans un but de Vérité, d'Honnêteté et de Sainteté.

Nous, les femmes, avons ce grand pouvoir, sans grand effort, par le simple fait de ne pas dissimuler les parties de notre corps, de déclencher tout ce processus naturel de réactions chez l'homme. Malheureusement, ceci n'est pas exclusivement valable pour notre mari mais pour tous les autres hommes qui verront ces parties.

On peut voir toutes ces lois qu'Hashem nous a ordonnées comme une contrainte, un emprisonnement ou une restriction, mais c'est tout le contraire !!! L'homme réservera sa semence pour sa femme, au lieu de la jeter en vain et la femme, en étant pudique, se réservera pour son mari. L'homme est plus libre dans les limites, libre de jouir d'un bonheur véritable: créer un lien infini avec sa femme et non pas éphémère comme celui du regard furtif et étranger d'un homme qui n'est pas le nôtre.

Une fois conscients de tout cela, l'homme et la femme sont alors aptes à maitriser leur corps et leur pensées, et nombreuses sont les portes qui s'ouvrent à eux, à commencer par le réel sentiment d'appartenance l'un à l'autre.

A l'inverse, celui qui veut se débarrasser des lois, limite son existence à assouvir des pulsions primaires et ainsi courir à sa perte. Si D.ieu avait voulu nous créer animal, il l'aurait fait, et je n'aurais pu, ni me remettre en question, ni écrire ce livre. Et vous n'auriez pu ni me lire ni méditer mes mots. Lorsque, naïvement, je croyais ces garçons qui disaient que leur promenade sur la plage en plein été les laissait invulnérables, je méjugeais l'Homme. Je faisais fausse route en admettant qu'un décolleté, une jupe trop courte, ou une bise sur la joue étaient des détails insignifiants. Je ferai fi de la naïveté et de la malhonnêteté qui m'accablaient lors de mes journées shopping, lorsqu'en m'apprêtant devant mon miroir, même mariée, mes pensées divaguaient vers des horizons lointains. Dans une grande lucidité, je réalisais que les hommes, dont je souhaitais obtenir l'attention, étaient nombreux à se bousculer dans mon esprit. J'allais haïr toute promiscuité. Dans le livre « la sagesse féminine », je découvrais son conseil concernant une femme mariée se faisant aborder : répondre qu'elle est mariée puis partir. Cette morale m'apparut à l'encontre de toute cette culture non juive qui nous astreignait à agir de façon interdite, au nom de la bienséance. Quelle honnêteté, quelle vérité !

Pourquoi ce sont ces mêmes gens, qui se révoltent face à « l'extrémisme » de ces propos, outrés en découvrant que leurs conjoints ont fini par les tromper ? Pourquoi ceux qui respectent minutieusement les lois de Yihoud et de la pudeur discernent que la route de la débauche mène vers la confusion.

Avant c'est le moment après c'est trop tard ou comment prévenir plutôt que de guérir. Voilà le vrai adage.

Mais avant cela…la première étincelle allait apparaitre.

Mon mari n'était aucunement au courant du tournant
que mon existence entière venait de prendre. Après
quelques semaines d'assainissement de cerveau et d'esprit,
je lui annonçais que j'avais décidé de prendre sur moi, un
acte religieux, dans le but d'apporter un prompt
rétablissement à ma tante très malade. Il était au pied du
mur. Fermé à la religion, mais si compatissant envers
autrui, il ne put refuser. « Quoi donc ? » me lance-t-il d'un
ton affligé comme si je lui annonçais mon départ du foyer.
« J'ai décidé de ne plus faire la bise aux hommes ! ». « Tu
n'y penses pas sérieusement ?! Tu es complètement
dérangée ! » Je décidais d'user de toute la diplomatie et
l'art de la communication dont je disposais en lui
répliquant.

J'ai juste raisonnablement rugi, claqué un certain nombre
de portes, pleuré puis fermement fait la tête. Face à ces
arguments tangibles, il n'eut d'autres choix que d'accepter.

Le lendemain, je décidais d'en parler à ma belle-sœur qui
eut l'intelligence de me dire expressément ce qu'elle en
pensait. Elle est la plus jeune d'une confrérie de trois et
avait dû lutter, dans son jeune âge, pour faire accepter sa
Teshouva à sa famille. Chaque fois qu'elle tentait de dire
un Dvar Torah le Chabat, les représailles étaient telles,
qu'elle finissait écarlate, sanglotant dans la cuisine.

Longtemps, j'ai cru à une crise d'eczéma ! Plus tard je réalisai l'ampleur de sa bataille.

Elle me fixa un instant, béate. Puis pensant à une facétie de ma part, me fit répéter. C'est d'un ton optimiste que je lui annonçais à nouveau mon intention. « J'ai décidé de ne plus faire la bise aux hommes. ». « Tu es folle ! » objecta-t-elle, ou quelque chose de similaire. Ou peut-être n a-t-elle rien dit, mais fortement pensé ...Je m'attendais à un peu plus d'encouragements. « Tu n'y penses pas ! Ta tenue vestimentaire actuelle ne te permet pas d'imposer un tel changement aux gens qui t'entourent. Tu n'imagines pas la bombe ». En matière de bombe, elle en savait un paquet. « Appelle un Rav, je ne sais que te dire ». J'ai appelé le seul numéro de Rav que mon annuaire contenait.

-« Bonjour Rav, pardon de vous déranger, en fait ma tante est très malade, et j'ai entendu que de prendre sur soi un acte religieux, ça peut aider».

-« C'est juste».

-« Et donc en fait, j'aimerais arrêter de faire la bise aux hommes... ».

-« Cela est évident ! Prenez une chose supplémentaire. Au revoir »

Je raccrochais désemparée. J'ai suivi son conseil à moitié
...j'ai pris autre chose. Du moins j'en avais décidé ainsi... le
faire consentir à mon mari serait une toute autre affaire.
Comment vous expliquer le cataclysme qui régna chez
nous ce fameux jour, où, en présence de sa sœur, je lui
annonçais que, dès à présent, je me couvrirais la tête ?

- « Qu'est ce qui t'arrive Paola !? Qu'est-ce que t'essaies de
faire ? On t'a fait un lavage de cerveau ou quoi? »

Oui! Et cela n'as rien de dommageable pensais-je en mon
fort intérieur tout en bénissant le Seigneur d'avoir créé la
pensée muette.

-« Et moi ? C'que j'en pense, c'est pas important ? ! ».

-« Au contraire, c'est justement parce que tu es mon mari,
et moi ta femme, c'est important pour moi que les gens le
sachent»

Il accepta à une condition : je ne couvre que partiellement
mon chef. L'accord était signé. A l'instar d'un Napoléon
après sa victoire de Waterloo, je me dirigeai fièrement vers
mon placard, pour en extraire un fin morceau de tissus
que je disposai sur mes cheveux. L'émotion me gagna.
J'étais éblouie de voir que les choses n'étaient pas aussi
fermées qu'elles se présentaient. Un mari, faisant figure
d'une grande herméticité face à la religion, semblait avoir

32

des failles. Et la rosée fine mais obstinée que j'étais, réussit à en pénétrer les interstices.

Mon allure n'était plus tout à fait la même. Bien qu'arborant pantalon et débardeur, je n'oubliais jamais mon bandeau que je portais en guise de trophée. Une Mitsvah en entrainant une autre, l'envie me prit pour la première fois, de me vêtir d'une robe et d'un t-shirt à manches courtes. En quittant mon domicile, j'eus le sentiment d'appartenir à un courant orthodoxe...Néanmoins, personne ne me regarda et pour la première fois, l'attroupement de travailleurs arabes n'allait pas siffler à mon passage. Quel soulagement ! Plus tard, je comprendrai que le Créateur correspond avec nous par le biais de l'intégralité de l'existence ! De retour chez moi, mon époux, ne m'épargna pas d'une cinglante remarque : « c'est quoi ces habits ?! » je constatais, alors, que chacun de mes pas serait controversé. Ça fait mal. A vrai dire, j'aurais tant aspiré à recevoir des compliments et des encouragements. Peut-être était-il nécessaire de prouver que mes actes étaient dépourvus de tout intérêt et réalisés difficilement, pour trouver grâce aux yeux du Créateur ? Personne ne m'encouragea ! Seule, ma conviction fut un moteur considérable, elle n'eut besoin d'aucune essence extérieure. Elle s'auto suffisait. C'est un syndrome bien connu sous le nom de Teshouva fulgurante ! Le Patron avait réussi, à travers ma souffrance psychologique, à me faire toucher le fond. Il était l'heure de rebondir!

Mon Rav m'enseignait les lois, les fêtes, la Paracha, mais d'entre tous sujets, j'étais passionnée par l'éthique: le Moussar. La normalité du Juif n'était pas évidente pour moi, et c'est avec délice que je la décelais. Le « guezel » ...quelle découverte ! Non je n'étais pas autorisée à me servir des innombrables serviettes d'hôtel que contenait ma maison ! C'était du vol ! Il me fallait les rendre ou les donner aux pauvres. Le simple fait de vouloir brancher la prise de mon ordinateur à une source ne m'appartenant pas, m'enjoignait d'en demander l'accord à son propriétaire !

Je vivais en solitaire une révolution intérieure. Personne à qui conférer mon bouleversement et pourtant je ne me sentais pas orpheline. Sans le savoir, j'étais dans les bras de mon Père au ciel, qui bataillait pour moi.

Chaque jour, lorsque j'ouvrais les portes du temple...de ma penderie, la tentation était grande. C'était un duel cinglant, journalier. Si autrefois me vêtir, prenait généreusement de mon temps, aujourd'hui c'était le double ! Rien n'était bon, tout était transparent, trop court, trop serré ! Dès lors je réalisai qu'un vêtement qui n'a pas été créé dans le but d'être décent, n'est nullement décent ! Un détail fera toujours défaut comme pour témoigner qu'amalek subsiste. Petit à petit ma garde-robe allait, elle également, faire un retour vers la lumière ! Quotidiennement, j'établissais des sacrifices sur l'autel...des ordures : aujourd'hui mes MIUMIU pour leurs 12cms de talon aiguille, demain, ma collection de Diesel si raffinée. Débardeurs, pantalons, shorts, jupes légèrement mais insidieusement trop courtes...tout doit disparaitre ! Ces vêtements que je concevais autrefois comme les ambassadeurs de mon moi, les porte-paroles de mon identité, allaient s'évanouir pour laisser s'exprimer mon âme. La Paola, mal incommodée dans les rassemblements familiaux, allait consentir à me rendre ma confiance et mon assurance. Pour la première fois, paraitre bien dans ma peau n'était plus mon angoisse, j'avais quelque chose de sensé à dire. Le souci de plaire à l'autre qui autrefois m'emprisonnait allait se convertir en souci de plaire à D.ieu et me rendre ma liberté. Apres tant d'investissement de temps, d'argent et d'énergie dans le shmatés qui recouvrait (trop peu) le corps, j'allais désormais investir dans le contenu de ce corps : l'âme. Cette même âme qui n'avait guère besoin de talons pour s'exprimer. Tant s'en faut, c'est la sobriété qui l'a sauvée de l'oubli.

Les boites de nuits :

En matière de réalisation superficielle, la boîte avait enrichit le généreux éventail que la vie illusoire me proposait. L'éclairage « clair-obscur » digne d'un Rembrandt des temps modernes, les substances compromettantes que j'imposais à mon corps. Les tenues vestimentaires dépassant les limites de la décence. Le bagage considérable d'images, de films, romans, séries clips et autres blâmables influences, que j'avais entassés avec le temps, me poussant à vivre parallèlement à la réalité, et que je transportais sans cesse. La musique tonitruante venant m'assourdir et m'abasourdir, s'introduisant au cœur de mon cerveau afin d'homologuer toutes ces illusions qui n'attendaient que de prendre vie ! Mon imagination prend alors des dimensions non-dimensionnelles ! On m'aime, on m'estime, on m'admire, on m'accepte…le videur m en as attesté la preuve. Danser c'est être. Et qui ne sait pas danser dans l'ombre, lorsque le corps et l'esprit ne sont plus tout à fait sa propriété ? Qui ne reflète pas la perfection dans le brouillard ? C'est moins le cas au grand jour lorsque la sobriété hurle à son cerveau qu'on est tellement nul. En atteignant les portes sacrées de la boite de nuit, mon esprit était harcelé par la constante ritournelle : « Me regarde-t-on? » Et dans ce désert d'existence, inapaisé par la peur du rejet, on est prêt au pire : dépenser une somme péniblement gagnée…par nos parents ! Pour s'offrir une bouteille, à un prix qui aurait pu procurer des vivres à une famille de veuve et orphelins. Attirer le regard d'un autre...peut être marié ?! Ou bien le suis-je, moi-même... comble de l'insignifiance. Se rapprocher d'un inconnu. Manifester une pauvreté colossale en matière de pudeur en se mouvant aux yeux de tous, et une bonne dose d'orgueil en paradant comme si l'on venait de remporter le prix Nobel de l'incohérence...en tout cas on le mérite bien ! La boîte est en quelque sorte une vulgaire expression du confort existentiel. N'avez-vous jamais ressenti un très fort sentiment d'inutilité en sortant de boîte ? Pour les moins souffrants, à l'intérieur de la boîte ? Un jour une amie équilibrée m'a annoncé :

-« Paola, c'est fini, j'arrête les boites ! »

-« Quoi !? »

-« Je n'en peux plus, c'est plus fort que moi ! »

-« Nicole, tu vas pas m'lacher ! »

-« Quand je les vois tous s'exciter sur la piste, je fais abstraction de la musique et tout d'un coup j'ai un fort sentiment de néant ! Tous ces gens me paraissent ridicules à bouger comme des fous.»

Je n'allais pas tarder à comprendre pourquoi ces mêmes gesticulants étaient de pâles copies de popularités. La non-

38

réalisation de leur moi profond les obligeait à ressembler à quelqu'un d'autre : et pourquoi pas un objet de marketing ! Quel bon augure !

A la question « pourquoi étais je tant attirée par cet endroit ? », ma première réponse fut que j'étais mélomane. Plus tard et plus objectivement je réalisai la part d'exhibitionniste qu'accompagnait la dilettante que j'étais, dans un tel lieu.

Je progressais peu à peu dans l'élucidation de mon esprit, toutefois, la phobie ne me quittait pas. Pas la moindre petite heure, vécue auprès de mon poupon, n'était remplie d'un esprit paisible. La façon dont cela se déclarait était terrifiante! Je n'osais révéler le tourment qui m'accablait alors...jusqu' au jour, où, de sortie pour son match de foot hebdomadaire, mon mari me laissa seule avec un Elias enfin endormi. Esseulée, au milieu de mon élégant et architectural salon, désespérée, Je me suis mise à Lui parler frontalement!

-« Mon D.ieu !!! Qu'est-ce que tu veux ? Qu'est-ce que tu attends de moi!? Je deviens folle ! J'en ai assez. ÇA NE PEUT PLUS DURER! Pourquoi un tel mal ? Pourquoi des idées pareilles ! Je ne maitrise rien mon D.ieu ! » J'hurle, je pleure. J'attrape des objets, pour les jeter à terre dans l'espoir de voir diminuer ma souffrance ! « Hashem s'il te plait ! » Je sanglote. Une lourde pression que je n'avais, alors, encore jamais laissé échapper, émanait de moi.

« Réponds-moi ! Réponds-moi! Réponds-moi! » J'ai pleuré encore un long moment comme cela. Je ne sais plus réellement ce que je Lui ai dit, mais Il est là, présent. Il m'écoute. Son silence ne m'inquiète pas, car depuis ce jour où j'avais décidé de me couvrir la tête, j'avais reçu plus d'une occasion pour constater qu'Il m'encourageait, me supportait et me portait. Il avait éloigné de moi plus d'une personne néfaste. Je sentais pour la première fois de ma vie que Quelqu'un était entièrement attentif à mon bien être, comme ça, sans intérêt.
L'idée me vint de chercher un numéro de psy sur internet. Après quelques sonneries une voix féminine me répond :

-« Allo ! Oui ? »

-« ... »

-« Je ne comprends pas ce que vous dites madame ? Respirez, calmez-vous ! ca va aller ! »

-« ... »

-« Que dites-vous ? Je ne comprends pas ? »

-« ... »

-« Ecoutez ! Dans votre état, je ne peux pas vous aider. Appeler un psychiatre, il vous faut des calmants ! »

-« ... Merci, pardon ! »

-« Ça va mieux ? »

-« Non... »

Je raccroche. J'ai du mal à respirer. Ce sont les mêmes sanglots que ceux de la colonie de vacances, le premier soir lorsque je viens de raccrocher avec maman. Inguérissable. Je les connais, ils sont robustes, et je n'ai clairement pas la maitrise sur eux !

J'appelle un psychiatre au sort, j'ai rendez-vous demain.

Il est grand, blond, froid et clairement ashkénaze. Son sourire est encore moins rassurant que lorsqu'il tire la tête ! J'entre selon l'ordre de son geste. Je m'assois. Il a une petite kippa tricotée. Il me regarde, sourit légèrement et attend. Ça y'est j'ai un déjà vu. Cette psychologue, lors de mes 12 ans, sensée régler mes problèmes d'insomnie, n'ayant pas réussi à me faire débiter un mot. Après une dizaine de rencontres, j'eus droit à un banal diagnostic ...tu parles ! Elle avait échoué oui !

Apres un long silence, presque gênant, il prend la parole.

-« Pourquoi es-tu venue ? »

-« C'est vous qui me l'avait demandé au téléphone »

-« Pourquoi m'as-tu appelé ? »

-« Ça ne va pas. J'ai des images horribles dans la tête »

-« Combien par jour ? »

-« Autant qu'il y a de secondes »

-« Cela t empêche-t-il de réaliser des actes simples comme cuisiner ? »

-« Oui ! Mais je le fais quand même »

-« Je vais te prescrire des médicaments qu'il faudra que tu prennes, ça va t aider à te calmer et par la suite tu pourras arrêter. »

-« Euh ! Non je ne préfère pas ! »

-« C'est rien de grave, cela arrive dans la vie. Y'a-t-il des dépressions dans la famille ? »

-« Non... ah! Si mon oncle...ah! Puis ma tante...ah! Et mon papa aussi »

-« Tu as une tendance dépressive. »

Je ne lui dis rien, mais je n'en pensais pas moins. Je refuse d'accepter son affirmation. Mon retour vers D.ieu est peut être frais, mais ma foi ne date pas d'hier. Je crois au libre arbitre, et je ne suis pas prête à céder à ce petit jeu, de se laisser aller pour une histoire de gênes! Déjà les médicaments ça ne me parlait pas, mais alors là son histoire de tendance m'énerve franchement !

-« Tu ne dis rien. A quoi penses-tu ?

-« Cela ne me parle pas vraiment. »

-« Bon ! Parles moi un peu de tes images »

-« Je n'en ai jamais vraiment parlé à personne, par quoi commencer ? Je dois te décrire les images ? C'est trop horrible ! »

-« Qu'est ce qui te tracasse le plus ? »

Apres avoir pris mon courage à deux mains, je lui décris tout, puis j'attends de voir sa réaction de choc, en espérant que cela ne le perturbe pas trop.

-« C'est ça, tout ton big deal ? »

Sa voix détendue, sereine et l'expression de ses traits, imperturbables, eut l'effet escompté. Il a percé l'abcès, et le soufflet retombe comme il a gonflé.

-« Tu sais, tu me dis que tu es pétrifiée à l'idée qu'un détraqué s'approche de ton fils. Il y a des gens qui sont pétrifiés à l'idée de faire un accident de voiture, et pourtant il leur faut bien monter en voiture. Tu as peur de faire un accident de voiture toi ? »

-« Ben un peu ! J'en ai déjà fait un, je suis restée traumatisée... »

-« Tu conduis ? »

-« Ben oui, faut bien ! »

-« Alors tu vois, on peut avoir une peur, et ne pas tout faire en fonction de cette peur. Quand à tes pulsions de soupçonner les hommes autour de toi d'être potentiellement néfastes pour ton bébé, c'est un t.o.c. il faut que tu fasses l'effort d'arrêter. »

-« Je ne peux pas, c'est plus fort que moi ! »

-« Tu sais, j'ai à faire à des joueurs de casino. C'est la même chose. C'est à eux de faire l'effort de ne plus y retourner. Et si pendant un long moment ils tiennent le coup, puis finissent par craquer et y retourner, leur état est pire qu'auparavant. Souviens-toi de cela. »

Il m'a congédiée. Face au miroir de la salle d'attente je me scrute un temps. Mes yeux sont rougis, mon nez irrité, mes vêtements tristounets, et pourtant, un grand bonheur

45

m'emplit à cet instant. Je fais irruption dans la rue, en ayant le sentiment que l'on a retiré de mes frêles épaules, un poids accablant. J'ai envie de sauter et de danser. Je suis bien. Une fois chez moi, la routine reprend et un soir dans la semaine, en cuisinant, je me suis surprise à chanter ! J'avais compris, j'étais guérie. Je n'osais me l'avouer, de peur que cela revienne ! Pourtant après plusieurs jours, je pouvais remarquer que les pensées s'étaient échappées. D.ieu avait entendu ma supplique, et n'avait pas tardé à me répondre.

Plus tard, je lirai dans le livre « A travers champs et forets » du Rav Aroush ceci : « Là où il y a un problème, c'est que l'on n'a pas du tout prié ou pas assez ! » et par prier, il entend parler à son Créateur comme on pourrait parler à son parent ou à son ami.

Mon esprit, alors, vide de Torah, était vacant pour le « yetser ara » (mauvais penchant), qui avait pris un malin plaisir à s'emparer de mes pensées.

La marée basse : seule face à la Teshouva.

Ce fut par un temps impétueux, que nous longions, en famille, le muret séparant les pavés du bord de mer. L'eau s'était, pour un temps, soumise au continent et le prodige advint, face à nos yeux médusés : l'heure de la marée basse avait retenti. Témérairement, nous décidâmes d'aller contempler le phénomène de plus près et c'est au pied du muret, côté sable, que nous nous adossâmes.

L'atmosphère était humide et sur nos joues rougies, s'agglutinait le sel évaporé aux relents de poissons et autres crevettes. Papa, Maman, Samuel, Anna, Daniel dans son berceau et moi, entrâmes dans une profonde torpeur. Le temps fut long ou court peut être, lorsque dans mon engourdissement, l'agitation déferlante des vagues mousseuses atteignit mon ouïe. Cela suffit pour m'éveiller et c'est avec effroi qu'il me fallut constater la tragique réalité. Les vagues s'étaient approprié nos effets et Daniel était déjà bien loin. Hâtivement mon choix fut fait.

47

L'urgence nécessita de mon jambage de pénétrer la froideur de la mer celtique.

A l'instar de Bitia, mon bras me sembla, le temps d'une seconde, s'accroitre, dérobant à la marine, la nacelle de celui que je croyais avoir perdu éternellement. Mon délicat et paisible petit Daniel. Tous les sentiments d'amour que retenait mon âme, émergèrent pour s'exprimer en une obstination à vouloir sauver les miens. C'est en fixant mon bottillon de caoutchouc, spécimen phare des années 90, se dissiper, au loin, que je suppliai mes parents de ressusciter. Ma sœur et mon frère furent les premiers réceptifs à mon invocation ! Il fallut la fraicheur du flot, s'infiltrant dans les chaussettes de mes parents, pour que dans un bond affolé, ils surgirent de leur lourde léthargie. Le cauchemar s'acheva. Nous marchâmes penauds, rasant l'avenue, ruisselants, frémissants au cœur du vent breton. C'est dans la Lancia vert Jura que nous retrouvâmes nos esprits. Bien qu'affaiblis, nous étions d'humeur joyeuse. Nous venions d'échapper au pire et c'est comme si cet incident périlleux, vécu simultanément par tous les membres de la famille, nous avait intensément unis.

C'est ce souvenir qui surgit en mon esprit lors du préambule de mon retour vers la lumière, lorsque, incomprise par mes semblables, je me sentais esseulée et incongrue... Inquiète face à la torpeur générale, j'assistais impuissante, à la détérioration qu'encouraient les âmes

48

des miens. S'animer alors en mon être, une infatigable inclination à les sauver. Probablement que je les importune dans leur sommeil, néanmoins leur conscience me bénira. Le Chabat, je tentais, par tous les vents, d'impartir les connaissances que j'avais acquises au long de la semaine, grâce au Rav. Peut-être que mon phrasé était bourru ou mal enrobé, toujours est-il qu'il ne trouva pas d'écho à la table familial. D'apparence naïve, ce que je relatais n'était autre que la vérité non acceptée et pour cause ! L'orateur leur était trop familier. Néanmoins je n abandonnais pas ma lutte. J'espérais que cette longue épreuve nous auraient unis et renforcés. Mais je réalisais combien je n'étais pas D.ieu mais seulement le tuyau de Sa Volonté.

Le musée

Je nourrissais une passion et un grand enthousiasme pour les musées et autres expositions. Une exaltation surgissait en moi lorsque je franchissais leur accès. Aujourd'hui j'ose l'avouer : plus que le bibelot présenté, c'est l'ambiance qui me captivait. Mes baskets sales de la rue foulant la belle moquette impeccable, qui avait le pouvoir de happer n'importe quel bruissement de talon. Le blanc immaculé des murs. Les allées qui vous entrainent et dictent votre trajectoire. Les spots bien orientés donnant vie à ce qui en était digne et faisant mourir tout le reste. Le visage blasé du personnel vous faisant culpabiliser de votre émoi ! Et ceux qui semblaient vous dire « shuuuut ! Tu respires trop fort ! ». La cafeteria qui se révélait à la fin du parcours, lorsque par une coïncidence hasardeuse, une fringale s'éveillait en vous!

Tout cela aujourd'hui n'a plus de goût face au plus grand musée du monde qui m'attend tous les Samedis après-midi. Mon musée. Un musée vivant qui affecte positivement toute ma semaine. D.ieu communique avec moi à travers la Parasha. Il parsème ma semaine d'indices. Le Tana'h (bible). Ce livre. Le livre. Mon livre n'a rien à envier à la plus contemporaine des expos. Ni la plus antique. La scénographie va droit au but. Pas d'artifice ni d'ostentations. Comment ai-je envisagé une existence sans me relier à mes origines...et quelle Origine ! L'ouvrage est accessible à tous. Non comme ces récits qui se veulent un style, où nul n'y comprend rien ! A l'encontre de sa reliure, son contenu n'est point monotone. Si on le consulte avec intérêt, le transport est indéniable. Comme si l'historien, mêlé d'un psy le plus pédagogue qui soit, vous racontait votre propre vie, gilgoulim compris ! De la façon la plus objective et vraie. Quel émoi ! Le Samedi après-midi, après avoir couché mes enfants et mon mari, je m'installe devant mon Histoire et je la laisse se raconter. Toute les diversions que le monde, dans son intégralité, englobe, semblent subalternes. J'étais convaincue que la Bible était inabordable, pensant qu'une élite restreinte avait accès à ce Livre...tout au plus les Rabbins. Ah !! Que de temps ai-je perdu. Ce Livre est le mien. Sa lecture est captivante, poignante, enivrante passionnante et profonde. Le musée face au Tana'h ? Les réminiscences de l'enfance face à celles du fœtus. Tandis que l'un force à se taire l'autre exige l'expression.

Exclusivité

Ma conscience s'affinait et se déployait, c'est alors que je réalisais combien la femme portait en elle une grandiose tendance à captiver le regard. Quand à l'homme, il était pourvu d'une aspiration naturelle à observer...quelle concordance. Peut-être que le tableau final du Divin représentera un homme observant avec amour, convoitise et tendresse sa femme qui prendra plaisir à se sentir contemplée, considérée et appréciée par son mari. Peut-être étions-nous tous, indéniablement, attirés comme des aimants vers cette esquisse idyllique. Malheureusement, le chef-d'œuvre débordait souvent de son cadre. Tant de fois, en agissant naturellement et sans m'en rendre compte, j'attirais de nombreux regards. Autrefois, lorsque mon mari recevait des amis à la maison, sans le savoir, « j'excellais » en Ha'hnassat Ore'him ! (Le commandement positif qui consiste à accueillir chaleureusement MAIS pudiquement les invités.) Je participais à tous leurs débats, comme si c'était une question existentielle qu'ils considèrent mon avis sur la question. L'intérieur de ma

maison était coquet en leur honneur, j'étais toujours très curieuse lorsque mon mari me relatait des anecdotes à leur sujet. Je l'encourageais à les inviter. J'étais très amicale envers eux, et m'intéressais beaucoup à leur vie...
Pourquoi n'étais-je pas animée de la même philanthropie concernant nos connaissances féminines ?

Une fois en quête d'honnêteté, je fis l'impertinente découverte que TOUS mes actes étaient les circonstances d'une volonté de plaire.

D.ieu ne bannit certainement pas cette volonté. Nous le Lui demandons dans la prière journalière et celle d'après avoir consommé du pain, qu'Il nous aide à trouver grâce à ses yeux et ceux de l'Humanité. Mais de façon canalisée. Plaire à D.ieu, plaire à son mari, plaire à ses parents et beaux-parents, plaire à ses enfants. Voilà la seule priorité de cet acte. Dès lors, j'allais me faire plus discrète, jusqu'à comprendre que je n'avais pas ma place dans ces réunions. Autre chose allait attirer mon attention : Les sorties en couples ! Pratiquant ce type de sorties, je n'y voyais aucun inconvénient. L'ambiance est feutrée, rigolarde, amicale, intéressante et plutôt plaisante...On n'est plus seul, mais un autre homme et une autre femme partagent notre petite table de restaurant. On discute, on échange des avis, on montre les photos de notre dernier voyage, on impartit des regards complices, on fait de l'humour, on rigole à gorge déployée... Je ne tarderai pas à découvrir que cela avait pour nom « infidélité consentante » ! La proximité régnante dans ces divertissements était aisément perceptible. Apres une telle sortie, mon sentiment était diamétralement opposé à celui que je ressentais lorsque je sortais seule avec mon mari. Dans le premier cas j'avais le sentiment que tout coulait de source, j'étais appréciée, j'intéressais. Dans le deuxième je sentais que les choses n'étaient pas évidentes, je me sentais moins regardée, écoutée. Lorsqu'accompagnés de nos amis, j'avais l'illusion que tout était parfait, tout semblait dissoner lors de notre sortie à deux. Je comprendrai plus tard, avec le recul, que ces sorties légères entre «amis» m'aveuglaient. Je constaterai qu'entre mon mari et moi tout restait à construire, dissimulant les problèmes normatifs de couple que nous avions. Je réalisais que la distance entre nous était suffisamment équivoque pour, en plus, rajouter d'autres membres à notre labeur. Aujourd'hui je tente de créer des occasions de rencontre entre nous deux tel que cela est fortement enseigné dans les cours de Torah traitant de la paix conjugale. Un jour je m'adressais à une professionnelle du sujet.

-« Liat, ça ne va pas ! »

-« Racontes-moi. »

-« Je sens qu'on est pas sur la même longueur ! »

-« Tu sais, si tous les couples décidaient de prendre trois jours de vacances, seuls, sans les enfants, de temps à autres, il n'y aurait plus de psy, ni d'avocats, ni de divorces... »

-« Mais pourquoi seuls ? »

-« Les enfants, les voisins, les parents, les amis sont de bons camoufleurs de problèmes ! »

-« Et alors! Pourquoi personne ne le fait ?

-«Il y'en a qui le font. Parmi ceux qui ne le font pas, certains ont peur »

-« De quoi ? »

-« Etre face à face. L'un avec l'autre. Mais aussi face à face avec la réalité. Découvrir où nous en sommes. Que reste-t-il à faire ? Retrousser ses manches pour construire, ça demande de l'énergie que l'on n'est pas toujours apte à débourser.»

-« Pourquoi trois jours ? »

-« Le premier tu dors, le deuxième tu manges, et lorsque tu es repu et en forme tu commences à rentrer dans le vif du sujet. »

-« S'enfermer à la maison 3 jours seuls, ça ne marche pas ? »

-« Non ! La maison est un endroit de travail, le repos n'est pas possible en ce lieu. »

-« En bref il faut se détendre ! »

-« Tout à fait, dans le seul but de construire, il n'y en a pas d'autre ! »

-« Ouais bon j'y penserai. »

-« Quelle valeur attribues-tu à ton couple ? »

-« Ben! C'est quelque chose d'important ! »

-« C'est la chose de la plus grande valeur que tu possèdes. »

-« Avec les enfants... »

-« Non, les enfants finissent par partir. Ce que tu auras investi dans ton couple, seront les fruits que tu cueilleras. »

Cette évocation avait suffi à me donner une piste.

Femme vertueuse

Habitante de Pisgat Zeev, il me fallait, si je voulais accéder
à la ville, traverser les abords du quartier de Mea-shearim,
cette fraction de Jérusalem bien connue pour son folklore
hassidique, et ses habitants orthodoxes. A la vue d'une de
ces femmes, à l'apparence austère, un fort dédain
parcourut mon être. « Démodé, arriéré, désuet, en retard »
me disais-je. Passer par ces rues m'inspirait un profond
dégoût. Je n'admettais pas que l'on puisse vivre de façon si
archaïque sans jamais tenter de s'actualiser. De quoi
s'occupaient ces femmes ? Quelle noirceur, quelle tristesse
! Elles n'ont très certainement pas le dernier iPod et n'ont
forcément jamais entendu parler de Marc Jacob...les
pauvres! Elles n'y connaissent rien! Oui, un fort sentiment
de supériorité m'accablait alors! J'ignorais que, de par le
monde entier, on entonnait le vendredi soir un hymne, à
leur égard. « Oz vé adar lévousha va tish'ak lé yom ah'aron
» ...rira bien qui rira le dernier ! Elles étaient en droit de se
moquer de mon allure, moi qui traversais leur quartier,
vêtue d'un slim, une chemise de bucheron « koople » et
une chapka en pleine chaleur...mais elles n'en firent rien,
car la droiture et l'empathie étaient leur biens. Lorsque je
les voyais, ces religieuses consciencieuses, pudiques, d'un

pas pressé, arpentant les rues, je les méjugeais. J'étais bien loin, d'imaginer, que cette élite de jeunes filles était sur le seul rail qui mène à bon port. Leurs valeurs étaient impensables à mes yeux ! Le monde entier dépenserait tout ce qu'il avait pour obtenir de tels enfants, si seulement il savait. Déjà si jeunes, leurs occupations sont essentielles. Leur besogne est invraisemblable, et tant de pureté et d'innocence les emplit.

Aujourd'hui, c'est pour mes sœurs, insouciantes, posant devant l'objectif de leur smartphone, arborant des postures extravagantes, faisant voyager leur physique aux yeux du monde, à travers internet, que je m'inquiète et m'indigne. Le voyeurisme et l'exhibitionnisme, sans cesse intensifiés, par les technologies innovantes, n'ont plus de limite. Si j'ose citer le Rav Amnon Itshak qui affirme que pour chaque photo sur Facebook le prix sera lourd, je n'irai pas jusqu'à dévoiler les détails de ce prix, par soucis de ne pas inquiéter.

Il incombe à l'Homme d'une lourde tâche, commandée par D.ieu. Comme on peut le lire dans la bénédiction du Chéma, il ne doit pas fauter par sa vue ni par sa pensée...

Pour les goyim, tromper sa femme veut dire aller jusqu'à l'acte. Pour le peuple juif, il y a de nombreuses barrières à ne pas franchir avant ce même acte. Et pour corser le tout, le Créateur a rendu l'homme sensitif à la création qu'est la femme. Nous-mêmes, créées pour être une aide auprès d'eux (« Ezér ké négdo » Berechit. Genèse), avons la lourde responsabilité de les aider à passer ce couloir, le monde présent, pour les faire accéder au foyer, le monde à venir, propres de toute tâche. Quelle responsabilité a la femme vaillante ! Et si elle y parvient, quel grand mérite sera le sien !

La Rabanit Yemima Mizrahi (www.ashira.co.il) nous enseigne « ce qui n'est pas beau, n'est pas pudique. Ce qui n'est pas pudique, n'est pas beau. » Il se peut qu'un vêtement soit pudique dans le fait qu'il recouvre les parties devant l'être, mais par sa laideur il n'est point décent. Réciproquement, un vêtement peut être à nos yeux d'une grande beauté, mais s'il n'est pas pudique, il est, en réalité, laid aux yeux de D.ieu. Voilà la philosophie vestimentaire de la femme juive. Et c'est miraculeusement, à la poubelle, avec tous les magazines dictateurs, que sont allés mes anciens goûts. Ce qui autrefois m'inspirait admiration et exaltation, allait aujourd'hui susciter, en moi, un fort rejet identitaire. J'allais me réconcilier avec un style, que j'avais trop longtemps réfuté, immodérément influencée par une culture étrangère à mon appartenance, pour accepter que mon arrivée en Terre sainte ait le pouvoir de me purifier. Les « coupes courtes » des jupes et tuniques, que j'appréciais et recherchais auparavant, allaient susciter en mon for intérieur un écœurement sans réserve. Jadis je parcourais le pays pour confier ma chevelure dénudée aux coiffeurs les plus talentueux. Désormais, j'apprécie tant ces beaux foulards colorés qui, à l'instar d'une reine précieuse, recouvrent l'entière chevelure de ces femmes vaillantes. Les accessoires proéminents que j'affectionnais tant m'évoquent aujourd'hui une vulgarité, qui ne sied pas à la femme juive. Les fentes et les décolletés reflètent une insensibilité étrangère. Il fut difficile de m'avouer la raison pour laquelle je portais ces vêtements. Parfois, c'était même de façon innocente, car c'était réellement tout ce que je trouvais en magasin. Et c'est là où je pressens que notre mérite sera grand si l'on réussit à faire l'effort de rechercher et de se vêtir de vêtements pudiques. Parce que, justement, les magasins n'en regorgent pas. Quel dur labeur ! Mais difficile n'est pas mauvais. Quelle sera la grandeur de notre mérite si l'on y arrive, envers et contre tous : aussi bien la société, que nos proches ! Lorsque je réalisais qu'en fautant chez moi de façon active, en achetant puis en revêtant des vêtements impudiques, de façon passive, je continuais à fauter tout au long de la journée, à chaque pas, à chaque rencontre. La faute semble être minuscule et ne durer qu'une minute, le temps de revêtir ou de payer ce vêtement, en réalité, elle s'étend sur de longues journées, de longues années.

J'allais être frappée par une certitude autrefois contestée : Il ne suffit pas de porter une jupe pour se considérer « religieuse » ! Qui l'eut cru, pourtant j'en été tellement persuadée ! Je me souviens, ancienne étudiante dans un lycée laïc parisien, m'être refusée à mettre des jupes, craignant que mon identité de Juive ne me fasse défaut. Ah ! Cliché quand tu nous tiens! J'allais découvrir, avec ahurissement, la condition essentielle pour qu'une jupe soit décente : recouvrir le genou, à fortiori lorsque l'on s'assoit ! Faute de quoi, le paysage offert est pour le moins panoramique. Mais une fois la prise de conscience et la décision prises, cela ne suffit pas ! Premièrement cet énergumène de jupe ne se trouvait pas dans mon armoire. Je décidais d'arpenter mes adresses habituelles : gap, zara... Plusieurs fois j'ai cru avoir trouvé la perle rare, mais une fois à la maison, avec stupeur, après un lavage, ou ne serait-ce qu'un mouvement, la jupe était bien loin du pauvre genou. Un jour je m'adressais ainsi au Créateur : « Mon D.ieu je ne comprends pas ! Ta volonté est pourtant bien de me voir vêtue décemment, d'après Tes lois ! Pourquoi ne m'aides Tu pas ? Je T'ai pourtant imploré avant de franchir le magasin, de m'aider à acheter un joli vêtement décent ! »

Plus tard, je ferai miraculeusement la connaissance de Myriam, dont la sensibilité en pudeur et la manière de l'expliquer allait beaucoup me réjouir. Et sur ses anecdotes avisées, je découvrirai à quels sommets de sensibilité la femme vaillante peut accéder. J'allais lire le livre « oz vé adar lévoucha » du Rav Falk, et l'arbre de la connaissance

serait entamé. Je racontais mon désespoir à mon amie.
Elle me dit ceci :

-« Paola, un vêtement ça se teste ! Ce n'est pas debout
devant le miroir, entraînée par la musique rythmée du
magasin, que tu pourras juger de la décence de ta jupe ! »

-« Quoi !? Je dois tester chaque vêtement? »

-« Non, je te rassure ! Uniquement ceux que tu as
l'intention de porter ! »

-« Mais comment ? »

-« Premièrement, il te faut, dos au miroir, te baisser et
observer à quel point ta jupe remonte ! »

C'est avec désastre que je dévoilais la supercherie de ses
jupes qui s'autoproclamaient « mettables » !

-« Deuxièmement il te faut t'asseoir face au miroir, si la
jupe laisse apparaitre le genoux, il est interdit de la porter !
»

-« C'est tout ? »

-« Oui. Du moins pour celles qui n'ont pas été dotées d'un
buste »

-« Ah !? »

-« Les t-shirts, c'est simple. Tu te baisses face à ton miroir et observes ce que tu vois ! La limite du cou est l'os cervical. C'est à ce même os que le t-shirt doit débuter. Et bien sûr il ne doit pas être lâche au point de s'entrouvrir lorsque tu te baisses. »

-« Comment sais-tu tout ça ? »

-« Ce n'est pas moi qui l'ai découvert. Ce sont de grands Rabanims experts en pudeur. Seuls des hommes pouvaient nous dire ce qu'il était permis de montrer ou pas…non ?! »

-« Tu as bien raison ! Je n'y aurai jamais pensé ! »

-« Pour ce qui est des bras, ils doivent être recouverts jusqu'aux coudes »

-« Merci Myriam de prendre le temps de m'expliquer tout cela »

-« Si tu n'étais pas aussi à l'écoute, je ne l'aurai pas fait ! »

-« Ben à vrai dire c'est nouveau pour moi, et j'ai toutes les bonnes intentions, mais parfois l'information me manque ! »

-« N'hésites pas, je te répondrai…mais tu sais, tu devrais penser à trouver un Rav . »

-« Un Rav ?! »

-« Assè lécha Rav »

-« Tu sais des Rav j'en connais beaucoup, sur internet... »

-« Je n'en doute pas...C'est pour cela qu'il faut que tu trouves un seul Rav qui répondra à toutes tes questions. »

-« T'en a un de Rav toi ? »

-« Oui, pour toutes les questions de Loi et même d'Ethique, il me répond. »

Une fois, une amie, qui jusque-là était un exemple de pudeur pour moi, sortit de ma voiture, et simplement en faisant le geste de récupérer son sac, j'eus une large vue de tout son torse ! C'est terrible de sortir de chez soi, en ayant le sentiment d'être suffisamment pudique, et d'offrir à tous, parents, frères et sœur, voisins, rav... des parties de notre corps sensées être recouvertes qui en réalité ne le sont pas ! D'où l'importance de tester un vêtement !

Ce type de remarque aurait eu, autrefois, le pouvoir de m'offusquer. C'est peut-être parce que son cœur était pur, qu'il parlait au mien! Aussi je désirais réellement me rapprocher de D.ieu.

Une fois avertie, le labeur fut autre. Si j'avais écarté la déception du mauvais achat, c'est la course à LA jupe qui s'ouvrait à moi. Le « oz vé adar lévoucha », allait longuement développer l'interdiction pour une femme de porter un pantalon. Entre autre, le livre apporte la preuve que dans La Torah il est écrit explicitement l'interdiction du port d'un vêtement appartenant à l'origine au sexe opposé, car c'est une chose haïe d'Hashem. Mais par la suite, le Rav nous indique qu'une jupe trop courte est si grave, qu'il vaut mieux porter un pantalon large... ni l'un ni l'autre ! Que D.ieu nous préserve de prendre conscience de la gravité d'une chose et malgré cela, de continuer de le faire !

Ce fut un travail de titan mais je sentis que ma droiture et mon honnêteté gravissaient des échelons à mesure de mon avancée.

Un jour je décidai d'abandonner le métier de la mode, et son salaire faramineux. Il ne me fallait pas plus d'une journée pour empocher 8500 euros, et les nombreux jours qu'un mois contenait suffisait à renflouer les poches de l'espiègle passionnée que j'étais. Si j'avais continué ce travail harassant, peut être aurais-je été millionnaire ou milliardaire...les maths n'ont jamais été mon truc, mais de façon certaine je peux vous assurer que mon mariage n'aurait pas résisté à cette intensité d'heures passées loin de mon conjoint. Et les merveilleux trésors que la vie m'a donnés n'auraient peut-être jamais vu le jour !

Un jour mon âme m'a écrit cette lettre.

Ma fille, je t'ai aperçue, Samedi soir, te diriger vers la ville, vêtue de ta robe noire si courte. Ce même noir que le chapeau de ton frère, quelques stations plus loin. Et pourtant, tant de pensées vous séparent. Je sais ce que tu recherches : le regard d'autrui, l'appréciation, l'amour...Et pourtant ma chérie, si tu savais quels desseins tu crées dans la tête de tes frères. Ça n'est pas du respect que tu leur inspires mais un cliché dont tu n'aspirerais pas à faire partie. Et, avec, tu attises la colère de ton Créateur, car avant de descendre, Il t'a fait jurer de faire bon usage du corps qu'Il te donnera. Ton cœur a eu raison de ton esprit. Il s'est fait acheter par les slogans : « Be free ! Love everywhere ! Don't worry » ...I say, yes i'm worrying. Tu as un rôle très important et décisif à jouer dans ce monde ma

Chérie, et si tu ne le remplis pas, personne ne le fera à ta place. Ton but est unique. Mais il doit être conforme. Sinon c'est le but d'azazel que tu remplis. Il est fourbe, méfies toi. C'est lui le roi du marketing ! Le meilleur metteur en scène ! Il est aussi patron de magazines et compositeur à l'occasion. Il te pousse à remplir le monde d'un peu plus de puanteur, et les abysses s'attisent au rythme de tes pas. Mon enfant, je sais à quoi tu penses : « Tant qu'on est jeune profitons ! Plus tard on sera sérieux. J'aime trop la mode ! Mon corps est beau et je veux qu'on le sache ». Le prix est lourd ma fille. Rien n'est gratuit dans ce monde, tu as dû le remarquer. La vraie paix conjugale s'achète. Les enfants purs ont un prix. La perte de temps au lieu de construire avec son mari, et les dégâts commis, sont nombreux. Si l'on n'a pas de mari, on dit que D.ieu nous envoie notre âme sœur en fonction du niveau spirituel où l'on se trouve. Plus il est élevé, plus le mari est raffiné par avance.

Aussi, en te permettant d'agir de façon si impudique, ma fille chérie, tu ne réalises pas les dégâts incommensurables créés par ton attitude, dans les deux mondes. Tu n'as pas idée de ce que tu perds. Au lieu de construire ton intérieur, pour l'infini, tu t'occupes de ton extérieur qui a une fin. Pourtant, cette construction ne peut se faire qu'en étant loyale envers moi, ton âme. Je ne suis que pureté pour tous les êtres de la Terre et si tu es en désaccord profond avec moi, cela crée chez toi un mal-être, constant, inexplicable, qui se traduit par divers symptômes : le sentiment de vide, la dépression, une forte sensibilité. Tu pourrais faire des mauvais choix, surtout s'ils sont essentiels ! Tout choix qui n'est pas mû par la loi sera forcément mauvais puisque généré par le yetser hara ! Ma chérie, il y a de l'espoir : La Teshouva existe. A partir du moment où tu décides sincèrement de regretter tes erreurs et de changer en bien, tous tes anciens actes se transforment en mérites d'une grande valeur. C'est relativement à ce sujet qu'il est dit : un juste ne peut se tenir face à un Baal Techouva. C'est dur de faire le pas. De se décider. De se lancer. Et pourtant les merveilles qui t'attendent, n'ont pas de nom. Faire le geste de troquer ta jupe courte contre une un peu plus longue. De mettre le feu à ton jean favori. De tester ton t-shirt le matin avant de sortir, pour voir réellement ce que les autres voient de toi. De couvrir tous tes cheveux si tu es mariée, puisque tu ne l'es pas à moitié. De faire face aux autres et de tenir sur tes positions. D'acheter uniquement cacher, de jeter si ça ne l'est pas... Tout cela est écrit, en détail, dans le livre de ta vie, avec la difficulté engendrée. Rien n'est laissé pour compte. D.ieu se régale de voir son enfant se battre contre le yetser hara, tous les jours, en Son Honneur. Moi ton âme, je suis consciente des efforts dont tu es capable, même si toi n'en as pas, consciemment, idée. Je te le crie, je te le chante, je te le répète toute la nuit durant, quand dans le sommeil, ton corps agit très peu. Plus c'est difficile,

68

plus ton mérite est grand. Plus tu es loin, plus le retour est sensationnel. Des pierres précieuses n'attendent que toi pour être amassées.

Il y a une femme vertueuse en chacune de nous. Les mères saintes de la Torah ne sont pas seulement imprimées dans un vieux livre poussiéreux. Sarah, qui est en toi, te veut belle dans la pudeur. Rivka veut que tu aies confiance et que tu suives D.ieu là où Il te guidera. Elle souhaite te voir dépenser toutes tes forces physiques au service de la bonté. Ra'hel veut que tu renonces aux plaisirs de tout ce matérialisme enivrant, que tu renonces à ton orgueil, que tu renonces à tes envies primaires et bestiales, pour faire place à la personne de qualité que tu es. Leah veut t'enseigner d'être patiente. Tu recevras beaucoup en retour, même si, parfois, tu te sens lésée ou mal-aimée. Et n'oublie pas que D.ieu, Lui, t'aime inconditionnellement. Hanna veut que tu parles à D.ieu. Dis Lui combien c'est dur, que tu souhaites revenir vers Lui, qu'Il t'écoute et t'aide. Tu y es ! Ça y est ta délivrance est proche. Je t'aime mon enfant.

L'anniversaire .

A compter d'aujourd'hui il me faudra patienter un mois pour festoyer mon anniversaire. J'ai déjà épluché le catalogue de jouets, corné une vingtaine de pages et entouré au stylo, à même la feuille, les jouets que j'affectionne le plus ! Je tergiverse entre l'usine à bonbons et la machine à bijoux. Quel dilemme déchirant ! J-7, Maman a clos les achats, les paquets trônent au cœur du salon. Artifices, petits cure-dents décoratifs : des rouges, des argentés, des dorés, des bleutés... des sachets à remplir de bonhommes cascadeurs, de lunettes rigolotes, de puces sauteuses et autres montres-labyrinthe...pour distribuer aux invités. Des boissons rares : jus de mangue, de papaye et menthe gazeuse... Un gâteau d'anniversaire majestueux, des confettis... mon empressement est grand.

H-1 : tout est beau et brille de mille feux. Des cadeaux jonchent le sol, des guirlandes de papier fixées à la peinture saumon, je peine à reconnaitre le salon, habituellement insignifiant pour une fille de mon âge. Tout attire mon attention, tout cela pour MA PERSONNE. On frappe à la porte. Subitement un abominable sentiment me gagne : il va me falloir partager le butin! Mes chères guirlandes, mes doux bonbons... la porte s'entrebâille, je discerne alors un paquet rouge brillant, ils ont un cadeau à la main ! Le rythme cardiaque s'atténue.

H+3 : la fête bat son plein, le sol est recouvert d'enfants accroupis, allongés, gesticulant, escaladant meubles et fauteuils. Les jeux de cartes sont éparpillés dans toutes les pièces que cet appartement de banlieue parisienne contient. Des décorations noircies, ne ressemblant en rien à leurs origines, sont piétinées au sol. Des assiettes de gâteaux entamés ornent tous les espaces horizontaux du mobilier. Qu'il en soit ainsi ! Je suis uniquement affairée à m'orner de ma nouvelle parure en vrai plastique ! En revanche que personne ne se hasarde à toucher les confettis!...je remarque dans mon champ visuel, ma cousine s'approprier un cure dent artifice bleu...soit! Il y en a d'autres ! Mais à ma grande consternation elle change d'avis, pour se gratifier de l'unique cure-dent argenté... c'en est trop ! Me ruant vers son corps potelé, déterminée à reconquérir mon dû, je lui annonce : «Ça m'appartient !» mimant, de tout mon visage, l'incertitude que produirait ma réaction. Elle insiste. Ma gorge se sèche, les larmes montent, je me sens lésée. Ma détresse touche à son comble lorsque sa maman arrive, lui ordonnant de rendre ce qui ne lui appartient pas avant de dire au revoir.

Julie se met à hurler. Quelle gamine, pensais-je. Je me retourne, satisfaite de cette judicieuse négociation. Un instant plus tard, je sentis le cure dent se dérober de ma paume et le temps de me retourner, je le vis s'éloigner avec ma cousine l'air satisfait, sur l'épaule de sa maman tel un sac de patates ! L'émotion est à son comble, je manque de m'étouffer. Je cours en direction de ma chambre, je claque la porte de toute mes forces, pour boucler d'autant de tours que la serrure le permet. Les lamentations résonnent entre les quatre murs, drôle de phénomène. Maman frappe à la porte « Allez, viens ma chérie, tous tes petits invités sont là, on va distribuer les cadeaux, souffler les bougies, et ouvrir les confettis.» Je n'ai pas l'intention de consentir à cette lourde injustice, qui plus est le jour de mon anniversaire. « Nooon » hurlais-je, à bout de verbe. Maman réponds à ma provocation : « Il n y a que toi qui perds ma chérie. ». J'hurle de plus belle. Un peu plus tard, fatiguée par les émotions vives, je décide de m'adosser à la porte. J'entends que de l'autre côté, on s'amuse, sans moi. Ça court, ça rit, ça chante. Les voix euphoriques de mes oncles et tantes adorés se font entendre. Il n'en eut pas un qui s'inquiéta de mon sort ...je réalisai indéniablement que j'étais la SEULE qui RATAIS.

Aujourd'hui, il m'arrive encore de ressentir d'écrasantes injustices, attisant chez moi, une disposition acerbe à réagir. Pourtant, adossée à la porte de ma chambre, je ne suis pas seule. Les préceptes de l'Ethique juive et leurs enseignants murmurent en ma faveur. Le Rav Benchetrit m'implore de ne plus être une gamine ! Le traité du « Devoir des Cœurs», me ramène à l'ordre, objectant que le travail sur soi est bien l'unique projet de mon existence. La Rabanit Yemima Mizrahi se désole de voir ainsi s'indigner, une fille de roi. La Rabanit Lapidot zatsa''l me tend la main et m'engage à grandir...et Maman me chuchote «Ma chérie, tu es la seule qui rate... ». C'est à grand peine que je sors du piège que m'a tendu le mauvais penchant, appelez-le comme vous voudrez. Oh, mon D.ieu bien-aimé, quel labeur, est-ce, que le travail sur soi ! La patience, l'écoute, l'humilité, la reconnaissance, le zèle, l'interdit de vengeance, la propreté de la « langue » la confiance en Toi... L'année est chargée, la vie est un travail. Et pourtant, chaque situation vient me faire croire que la colère est légitime. Mon cœur commence à battre plus fort, et sournoisement, l'imagination prend des envies de grandeur. Je me sens attaquée, mes sourcils se froncent jusqu' à diminuer ma vue, mes lèvres se serrent, mes poings se ferment, mes dents grincent, ma bouche s'ouvre et avant même d'avoir réalisé, mes oreilles sont encore abasourdies des mots que je viens de prononcer. Je déblatère, je grogne, je m'agite, la vulgarité me gagne, mon cœur s'emplit de haine. C'est exactement cet acte que Tu bannis plus que tout, ce même acte qui a causé la destruction de notre deuxième Temple, de nos jours non rétabli. Jusqu'à quand essuierons-nous les désastres causés par ces attitudes aveuglées! Bercés par toutes les illusions du monde. L'autre que l'on méprise tant, notre frère, notre sœur, notre parent, que l'on néglige. Ces âmes si sensibles qui nous entourent et que nous bousculons sans cesse, prétextant une attitude fondée, admissible et justifiée. C'est en me rapprochant du niveau maximal de ma conscience que j'allais approcher D.ieu. Reconnaissant mes erreurs, les regrettant et promettant de ne plus agir de la sorte, je priais le Créateur qu'Il m'en donne la force.

Je divisais, autrefois, le monde en deux : ceux qui aiment rendre service et ceux à qui cela ne plait pas. C'est très étonnamment, que je plaçais ma personne, dans la seconde catégorie. Plus tard, le Rav Wolbe zatsa'l, m'enseignera que le Juif, quel qu'il soit, doit tendre de tout son être, vers la bonté. Alors que les peuples, au travers de leur philosophie, leurs guerres, leurs révolutions, leur culture de la consommation, leur littérature, voulaient me faire croire que l'individualisme suprême m'offrirait le bonheur sur un plateau d'argent. Que nenni ! C'est bien de donner en dépit de la difficulté, de la nature de l'être, du caractère. En dépit d'une croyance qui me fait penser qu'en donnant je perds ou l'autre ne le mérite pas... que j'allais atteindre un bonheur vrai. Sortir de mon ego n'allait pas être chose facile, mais les exercices qui m'étaient destinés, furent du grand sur-mesure! Contribuer à apporter une boite de conserve pour un rendez-vous communautaire, engager la conversation pour permettre à l'autre de parler, et être dans l'empathie. Cesser toutes sortes d'a priori sur les gens. Eradiquer la médisance. Puis un bienfait en entrainant un autre, je me retrouvais à cuisiner des plats pour les accouchées du quartier, à accueillir mon papa malade chez nous, juste après mon deuxième accouchement, et le plus impitoyable de tous les efforts : faire la vaisselle ! J'ose avouer qu'à l' instant où je vous parle, ce dernier n'est pas encore acquis et, est loin d'être évident pour ma personne. Tous ces actes de bonté allaient me permettre de m'aimer vraiment, non pas en raison des vêtements de marques que j'endossais, de l'acquisition du dernier Smartphone, ou encore de mon déhanché adulé en boîte... Non c'était à l'intérieur de moi, et partout où j'allais j'emportais mes bienfaits. Parler à l'autre, ne plus avoir honte des silences, me sentir bien en moi, aller de façon réelle et non plus illusoire, faire partie de moi, de façon inconditionnelle. La question n'était plus « comment faire pour trouver grâce aux yeux des gens ? » mais « comment aider les gens ? ».

Nos sages nous enseignent qu'il faut donner aux pauvres et questionner : « Qui sont les pauvres ? Les pauvres de ta maison » : conjoint et enfants étant prioritaires, cela allait mettre de cotés mes nouvelles envies d'altruisme. Ce travail d'équilibriste permanent fait le bon Juif. Passer de l'état de fermer sa main à celui d'ouvrir son cœur donne des ailes, mais il allait falloir repousser mes envies de sauver le monde, pour changer la couche de mes chérubins et créer une ambiance chaleureuse à l'heure du retour de mon mari. Il ne suffisait pas de lui cuisiner un plat, il fallait le lui servir avec bonne humeur. Moi, moi et moi-même n'étions désormais plus seules. Alors seulement, je réalisai que le nombril du monde n'était pas moi, mais bien ma ville. C'est dans sa grande bonté, que le Créateur m'avait laissé la possibilité de parachever la Création imparfaite que j'étais : AVODAT HA MIDOT.

Autrefois, je défilais sur un podium pour rendre service à une amie créatrice, aujourd'hui je décidai d'être model. Mais pas le même type qu'auparavant ! Non plutôt un « model ishi » : un exemple vivant de droiture, pour mes enfants, mon peuple et les peuples du monde.

Les medias

Auparavant, adepte de tous les écrans, j'étais emplie d'une culture qui encourage à s'affirmer « tel que l'on est ». A se moquer des autres.

« Le diner de cons », le plus « bon-enfant » des péplums de la cinématographie française. Un film, a priori inoffensif. Il va pourtant faire preuve, pendant plus d'une heure vingt, d'un grand sens de la médisance, et démontrer agilement comment ne pas juger quelqu'un favorablement. Le tout dans une ambiance sympathique et ludique.   Dans une émission populaire, des témoins relatent leur vraie histoire. Clip à l'appui, on nous montre la vie « déprimante » d'une femme au foyer qui ne sait plus comment se libérer du lourd fardeau que sont ses deux enfants. Scène de la mère, triste et désemparée, devant ses deux jeunes fils jouant aux voitures, presque trop calmement, comme pour s'excuser d'exister. Cette émission nous dépossède nettement des forces et

77

motivations dont nous avons été pourvus. Cette grande mode de programme à jurés, aux critiques virulentes, qui déprécient vos plats, votre voix, votre maison, votre look, votre humour... dont la vision négative est amplement développée. « Ladoune lékav z'hout » juger favorablement, « lirot ét a tov » voir le bien, « ha sameah' be helko » se contenter de son lot, « lismoa'h be ma she yesh » être content de ce qu'il y a... toutes ces valeurs juives profondes, bafouées d'un revers. Ce film de Stanley Kubrick, que je n'ose décrire, et qui a taché mon souvenir à jamais, et je ne sais encore de quel dommage il est responsable, en moi. Nous ne sommes pas stériles. Tout, autour de nous, vient, à l'instar d'une épice, modifier notre arôme. Certains condiments relèvent chez nous d'incroyables capacités lorsque d'autres masquent totalement notre saveur, s'ils ne l'endommagent pas. Les 24 images/seconde nous vident intérieurement. Elles dérobent tout. Notre droiture naturelle se voit déformée, déviée et courbée au contact de ce dangereux outil : l'écran.

La femme objet. Un visage par-ci, un corps par-là, une voix, des cheveux lâchés au vent. Alors c'est cela ? La femme se résume à un objet de convoitise? Où est la mère respectée, et qui se respecte. Celle-là même qui connait son grand rôle dans ce monde et s'y applique avec noblesse. Où est cette reine qui connait, envers et contre tout, ses ressources illimitées, ses vraies priorités. Non! Pas celles d'être libre de tout devoir marital et parental...pour sortir en boîte, comme voulait l'affirmer cette très nouvelle émission qui se fixait pour but de rendre la joie disparue à cette mère de famille. Ces reality shows font croire à la trépidante vie de gens « non-engagés » : « J'ai divorcé car j'avais peur de rater quelque chose » commence par se présenter la minette déglinguée que l'on verra évoluer, ou peu, pendant vingt-quatre heures sur sept. Sans parler du temps qui nous est ouvertement volé ! La télévision et tous ceux qui l'animent rendront leurs comptes de guèzel ! Ces infos qui font du malheur mondial leur fonds de commerce. Ces acteurs, au détachement douteux, qui vous annoncent la fin du monde. Ce même monde voulant nous faire croire que la seule richesse, c'est la beauté, l'abondance financière, l'intelligence innée, le taux de popularité, un métier glorieux. Avoir le dernier modèle de voiture/téléphone/ordinateur/écran/oreillette/marque de vêtement... et pour cela on est prêt à y aller! Sacrifier beaucoup, dans le seul but d'acquérir de la renommée. Instants chers avec nos enfants et notre conjoint, temps, argent, énergie, tout est bon pour s'offrir sa dernière lubie. A condition de s'accomplir comme nous le dicte le petit écran...devenu grand, les journaux, la société de consommation. La course infatigable, au matériel, avait débuté bien avant ma naissance et elle se perpétuait sans jamais épuiser ses adhérents. Je réalisais, avec effarement, de quelle manière, un modèle de téléphone pouvait attirer, à lui seul, toute l'attention des membres d'une famille, le Chabat à table, alors que tous les Chabat du monde ne suffiraient pas à raconter les commentaires d'une seule Paracha.

Qui est l'homme riche ?
Celui qui porte un jean Dolce&Gabana? Celui qui conduit une Alfa Romeo ? Le premier à contracter le dernier Smart phone ? Celle qui a un nez parfait ? Celui qui passe à la télé ? Celui qui a une vie mouvementée ? Celui qui va à Mykonos en été ? Celui qui loue un D.J. populaire pour son mariage ? Celle qui danse et chante comme Rihanna ? Celle dont la garde-robe ressemble à la penderie de Carrie Bradshaw ? Celui qui gagne un concours ?
Réponse : C'est celui qui est heureux de son sort, nous enseignent nos sages, « Ha sameah' be h'elqo ». Ah! Si seulement la musique palpitante de ces réclames pouvait retentir chaque fois que l'on vivait vraiment dans l'essentiel! Quand on a, de toutes ses forces, combattu le mauvais penchant pour aller laver quelques assiettes, dans le but de faire plaisir à son conjoint. Quand dans un grand effort on s'est retenu de répondre à ses parents. Quand, avec toutes nos capacités mentales, on a répondu à notre enfant dans le but de l'éduquer d'après de réelles valeurs. Quand on s'est retenu d'acheter cette tenue

clinquante, réalisant qu'elle attirerait bien des regards. Quand on s'est tu, au lieu de se venger. Quand on a ouvert sa main à l'indigent. Quand, malgré la montagne d'occupations, on a rendu visite à un malade, ou cuisiné des 'halot pour un voisin, rescapé de la Shoa. Quand on s'est retenu de toutes ses forces de médire. Quand on a cherché à faire plaisir « au patron avant tout ». Quand on a musclé cet organe qui ne sert pas uniquement à pomper le sang. Oui la télé, les films, la musique, la camera, et tous ces autres moyens spectaculaires et ingénieux, sont des merveilles de technologie. Malheureusement, seuls quelques pionniers en font une bonne utilisation. Je rêve d'un monde où toutes les avancées seraient mises au service du Bien. Du Vrai. De D.ieu. Vous imaginez, un film entier retraçant la vie de grandes personnes ayant œuvré de tout leur souffle, pour se dépasser en bonté, mues par une envie désintéressée de faire du bien, le tout sur un fond de musiques édifiantes. Je ne parle pas d'Amélie Poulain, mais bien de la grande Rabbanite Kanievsky zatsa'l, maman d'une très nombreuse famille, elle se levait à 4h00 du matin pour répondre « Amen » aux bénédictions de son mari, tout en cuisinant quotidiennement pour une centaine de personnes. De la rabbanite Margalit Yossef, elle économisa péniblement 200 lires, en fin de nombreux mois, dans le but d'acheter une armoire pour son humble demeure, pour, finalement se décider à les donner à son mari, Rav Ovadia Yossef zatsa'l. Il avait écrit un livre et devait le donner à imprimer, elle l'obligea à accepter. On sortirait des salles de cinéma, parfumés d'encens de Vérité. On rêverait de se dépasser dans notre propre éducation et celle de nos enfants, pour leur enseigner d'être au service du peuple. Cette instruction prônant les valeurs de la bonté, remplacerait nos envies de toujours plus les gâter. Notre rôle n'est pas de leur acheter le dernier dessin animé, le dernier coffret de Barbie ou encore la dernière paire de basket. Nous devons, à l'opposé, leur montrer l'importance et les bienfaits de faire du bien à l'autre. L'aider dans sa douleur et sa misère. Compatir avec son prochain. Au lieu de faire le tour des parcs d'attractions avec nos petits, leur offrir un vrai cadeau en faisant avec eux le tour des hôpitaux. Nos descendants réaliseront ainsi combien de nombreuses personnes attendent notre aide. L'enfant Roi redescendrait de la pyramide pour retrouver sa place, et avec elle, le bien-être intérieur, car il n'en est pas de plus grand quand l'être est dans le don de soi. « Olam hessed ibanée ! » : la bonté aura une valeur éternelle. Si autrefois on recherchait la puissance d'une voiture, ou encore son design, aujourd'hui on recherche sa fonction : est-ce que le bolide nous permettra-t-il de prendre des gens en stop, d'avoir une famille nombreuse ou de rendre plus souvent visite à ses parents? Au lieu de voir des femmes représentées seulement pour leur physique, on nous bombardera de portraits de grandes dames, de grandes âmes, mères de nombreux enfants. La course de la vie ne les a pas empêchées de diffuser le bien autour d'elles. Ni faire de leurs maris des hommes justes et forts. Des infos relateraient tous les miracles du jour, octroyés par notre bienfaisant Créateur : cet enfant sauvé de justesse; cette femme quittant la gloire de la scène pour se concentrer sur l'essentiel : la teshouva, ses enfants et surtout son couple ; ce patron d'une grande chaine de pâtisserie pourvoyant les pauvres de la ville, etc. Ce serait dans un grand émoi, qu'après la diffusion de cette dernière chronique, on Lui dirait des louanges de remerciements. Tous les livres écrits et publiés, contribueraient à nous renforcer dans notre but suprême sur cette terre : Faire le bien, plaire à D.ieu, et aimer. Travailler sur soi-même. Se contenir, se retenir et encore faire du bien...

Les journaux

Les magazines de mode, cette réelle usine à fric où la concurrence est vaste, se doit de rendre son produit alléchant dans le but de le vendre. Leurs détenteurs sont avides d'argent et leur souci de débit est inouï. Ils n'ont pas de scrupules de n'utiliser que des photos retouchées sur Photoshop, pour donner envie aux milliards d'humains, chacun avec son complexe physique personnel : ses bourrelets, sa cellulite, ses vergetures, ses ridules, la couleur de ses cheveux, son nez...de débourser dans le but d'acquérir ces albums illusoires. On s'indigne beaucoup de la violence d'un mari envers sa femme, et à juste titre ! Mais parle-t-on des femmes violentes envers elles-mêmes ? OUI, acheter et lire ce type de magazines était la source d'une grande violence envers moi-même. J'enviais le corps, le visage, les cheveux, le poids, la peau de ses filles, puis

84

m'observant face au miroir, je méprisais le physique que j'avais reçu, désirant le changer. Quoi de plus cruel envers sa personne que de refuser l'indéniable ? Le regard que j'avais sur moi-même, après m'être imprégnée de toutes ces images mensongères, fut extrêmement dénigrant et bien que je n'osais me l'avouer, je fus dans une totale non-acceptation de moi, prétextant que ces journaux me motivaient à améliorer mon physique...la course folle au changement corporel fut un puits sans fond. Si je croyais que la modification de mon apparence me permettrait d'accéder à une quelconque amélioration du moral, j'étais dans l'illusion. Tant que notre intérieur n'est pas travaillé, la confiance en soi à long terme, reste inaccessible. Cela fut aussi extrêmement ingrat envers D.ieu, qui usa de réflexion, d'énergie et d'amour pour réaliser les parties les plus infimes inclues en moi, et moi, je lui faisais cet affront de souhaiter autre chose. C'était un peu comme si ma douce et gentille maman m'avait tricoté, neuf mois durant, un beau pull, avec tout son amour, ses bonnes intentions, et au moment de me l'offrir, je le lui jetais au visage, déclarant ne pas en aimer la couleur ! Sous la mauvaise influence de ces journaux, la femme que je fus ne s'acceptait pas, y compris dans mes plus belles années. Je passais le printemps florissant de ma vie, occupée à envier et à courir après des modèles sortis tout droit de l'ordinateur. Je n'allais pas tarder à prendre conscience de toute cette illusion, me réconciliant avec moi-même. Ca y'est, j'allais devenir ma meilleure amie, sachant garder mes propres secrets, ne criant plus sur tous les toits de quels défauts j'étais pourvue. Combien de kilos avais-je pris ? Mes cheveux avaient-ils besoin d'une couleur ? Ces questions n'allaient plus faire partie de mes sujets d'échanges verbaux avec autrui. Ni mon mari, ni mes amies ne subiront cette astreinte. Mais indéniablement, cela n'aurait pu avoir lieu, si ces magazines avaient continué de hanter tous les recoins de ma maison.

Je ne voulais plus être cette fille, au t-shirt taché, qui ne ratait pas une occasion de raconter aux gens la honte qui la hantait face à cette imperfection, attirant ainsi, toute l'attention sur cette même souillure. Si, au contraire, j'avais en tête, toutes les choses positives recelées à l'intérieur, il y en aurait forcement une, comme la couleur de mes yeux, de charmantes taches de rousseurs, une jolie paire de boucles d'oreilles... l'autre n'aurait vu que le beau en moi. Par la suite, j'entendrai la Rabanit Yemima Mizrahi, interdire aux femmes de montrer, et d'en parler sans tabou à leur mari, leurs propres défauts physiques, ou pire, les exposer sous leurs yeux, au nom de la franchise! C'est sûr, si j'avais prévu d'aller exhiber mon corps à la plage mixte cet été, l'angoisse aurait été légitime...parlons-en de la plage mixte ! Cet interdit grave, que j'allais refuser de continuer à commettre, allait aussi m'aider à relativiser en acceptant les changements de mon corps.

Je réalisais, aussi, combien je faisais fauter mon mari, éparpillant ces journaux affables, au gré du vent. J'invitais Marilyn, aux tablettes de chocolat, dans notre salle de bain commune. Elle souriait, de toute sa blanche dentition, à mon mari qui la fixait, faute d'autre chose. Si mon souhait était de voir mon mari rêver d'elle, j'allais être servie. Il est connu, aujourd'hui, de tous les scientifiques, que l'on rêve de ce que l'on a pu voir dans la journée et en particulier avant d'aller dormir, d'où l'importance de lire le Shema Israel avant de se coucher. Faire entrer une telle presse sous mon toit, au sein de mon sanctuaire privé, c'était vraiment me tirer une balle dans le pied ! Bon sang !

Les aimants.

-« Annabelle, c'est quoi tous ces aimants sur ton frigo ? »

-« Ah ! T'as vu, on en a des belles photos ! »

-« Mais qui sont toutes ces filles apprêtées ? »

-« Des connaissances, des amies…En fait, c'est tous les mariages auxquels on a assisté dernièrement avec mon mari. »

-« Et cette fille au large décolleté ? »

-« Oh ! Paola, pourquoi t'es autant obnubilée par la pudeur ? »

-« Ah! Bonne question ! Le fait est, que chaque fois que ton mari ouvre ou ferme le frigidaire c'est ce qu'il voit ! »

-« On a pas tous ta sensibilité ! T'es un peu parano ma chérie ! »

-« Très bien ! Alors je te défie d'écrire sur un bout d'papier : « JE SUIS NULLE», et de l'coller sur ton frigo. »

-« Pourquoi je f'rais une chose pareille ? J'ai pas envie de déprimer ! »

-« Et pourquoi pas ? T'es bien sensible tout à coup ! »

-« Ben parce que, c'est clair ! L'influence des mots, c'est bien connue ! Quel rapport avec les photos ?»

-« Alors dans ce cas, je te défie de mettre la photo de dieudonné faisant le signe d'hitler sur ton frigo ! »

-« Que D.ieu m'en préserve ! »

-« Alors...tu vois ! Tu n'es pas prête à mettre n'importe quoi ! »

-« Mais ces filles, elles... elles ont rien fait de mal !? »

-« Je ne doute pas qu'elles soient toutes très gentilles, mais cela ne justifie pas que tu exposes les parties dénudées de leurs corps en permanence à ton mari. Tout a un impact. Pas seulement ce que toi tu as décidé, d'après ta propre sensibilité de l'instant. »

-« Et si mon mari et moi avons la même sensibilité ? »

89

-« D.ieu merci ça n'est pas le cas ! La sensibilité de ton
mari, même s'il n'en est pas conscient, n'a rien à voir avec
la tienne. Elle est hautement plus développée que toi.
C'est la raison pour laquelle, les publicitaires optent
généralement pour des femmes dénudées plutôt que des
hommes dénudés. »

-« Ouais mais de toute façon, mon mari est sans cesse
exposé à ce genre de choses. Alors une image de plus ou
de moins ! »

-« La femme a un rôle très important envers son mari. Le
protéger et non pas le faire flancher parce que de toute
façon c'est perdu d'avance. Et pour ce qui est de
l'extérieur, tu as le pouvoir de prier pour que ton mari soit
épargné. »

-« Comment tu sais d'abord, qu'il n'a pas le droit de
regarder innocemment ces femmes ?

-« Kedoshim tiyou ! Vous serez saints nous demande
Hashem dans la Torah. Et dans le Shema Israel, il est
écrit, que l'homme ne fautera pas, ni par ses yeux ni par
son cœur, qu'il prostitue en les laissant vagabonder. C'est
pas clair ? La Torah va jusqu'à interdire à l'homme de
profiter de la beauté du visage d'une autre femme que la
sienne ! »

-« Et si mon mari m'affirme que ça ne lui fait vraiment rien de voir ces photos ?! »

-« Si il le pense vraiment, alors je le plains. Ça veut dire qu'il a une conscience vraiment très endommagée. »

-« Et sinon ? »

-« Et sinon, il ment par confort de pouvoir continuer à jouir, librement, de tout ce qui l'entoure. Etre honnête avec soi-même ça demande un réel effort. »

-« Bon à l'occasion je lui poserai la question »

-« Je ne suis pas sûre que le mettre face à la réalité froidement soit bienvenu. Il vaut mieux parler de soi-même et dire comment nous on voit les choses, sans chercher à l'accuser de quoi que ce soit ! Et en voyant notre sensibilité il finira par se poser les bonnes questions. »

-« Et toi t'en fais quoi des aimants ? »

-« Moi ?! Les seules photos de femmes que j'ai sont de moi, et elles sont dans notre chambre à coucher. »

-« Pourquoi ?! »

-« Tout le monde n'a pas besoin de voir des photos de moi. »

-« C'est de l'extrémisme !? »

-« Non, c'est de l'honnêteté. Comme les photos d'autres femmes peuvent attirer le regard, des photos de moi dans ma maison peuvent attirer le regard de mes invités. Surtout que, généralement, les photos choisies pour être exposées sont celles qui nous mettent le plus en valeur. »

-« Comment t'en es arrivée là ? »

-« Un jour, on organisait avec mon mari un cours de Torah à la maison, et avant que le Rav n'arrive j'ai préféré ôter la photo de mon henné où j'ai les cheveux découverts et je suis vêtue de rouge... »

-« Et pourquoi tu ne l'as pas remise ? »

-« Ben parce que j'ai voulu être honnête jusqu'au bout, me disant que si j'admettais que cette photo pouvait attirer le regard du Rav, elle aurait le pouvoir d'attirer le regard de tous les hommes. Un Rav n'est pas une créature différente de tous les autres hommes, hormis le respect qu'on leur doit pour la Torah qui les emplit. »

-« Comment ça ? »

-« Il est ridicule de croire que l'on est pudique pour le Rav, pour le mari religieux d'une telle, pour l'oncle orthodoxe...on est avant tout pudique pour soi. Par respect pour la Créature divine et royale que l'on est. »

-« Paola, est ce qu'on pourrait dire en fait, que peu importe le niveau de conscience que l'on a face à la pudeur, ou l'honnêteté que l'on veut bien avoir, un homme reste un homme ?»

-« Et une femme... »

-« ...reste une femme. »

-« Peu importe les liens amicaux, familiaux, de politesse... les données restent les mêmes, les hormones sont les hormones ! »

-« Tu sais à quoi ça me fait penser ? »

-« Non ? Mais je vois que tu as l'air inspirée ma jolie Annabelle! »

-« L'homme et la femme, Ca s'rait un peu comme deux pôles d'électricité: un positif et un négatif...il y aura toujours un courant qui passera ! »

-« Ouah ! Quelle justesse dans l'image que cela t'a inspirée ! Oui c'est tout à fait cela.»

-« Et ben ! J'me serai jamais crue admettre une telle chose - mais que faire ! Je crois bien que tu as raison. »

-« C'est la Torah qui a raison. « Ets hayim hi, la mah'azikim ba », elle est un arbre de vie pour ceux qui s'y accrochent. »

-« Bon, je te laisse, il faut que j'aille ranger tous ces aimants... »

-« 'Hazak Hou Barou'h ! N'aies pas peur de jeter ce qu'il y'a à jeter. Une photo n'a rien de sacré, a fortiori si elle est impudique. Et si ton mari te pose des questions, demande-lui d'un ton enjoué s'il ne trouve pas que c'est plus net comme ça ! »

CORRIGE PAR MARTINE JUSQUE LA

Nature et découverte.

« Tu es sure de ce que tu veux ? Tu es prête à renoncer à montrer tous tes cheveux toute ta vie !

-« Oui je suis prête ! »

-« Tu ne regrettes pas ? »

-« Non »

-« J'ai du mal à comprendre. Je trouve ça dommage. »

-« Tu as beaucoup de chance. »

-« Ah bon ? Et pourquoi ? »

-« De mon processus de *Teshouva*. »

-« Comment ça ? »

95

-« Tu devrais être très content de la nouvelle femme que tu as. L'ancienne avait des pensées que tu n'aurais pas appréciées. Je ne le faisais pas exprès, c'est juste que je n'avais ni la prise de conscience ni l'information suffisante. Quoi qu'il en soit mes pensées d'aujourd'hui trouveraient beaucoup plus grâce à tes yeux »

-« Comme quoi ? »

-« Comme ne penser qu'à mon mari. Tout faire pour ne pas créer de proximité avec d'autres hommes. Me battre au nom de la fidélité physique et mentale. Avoir conscience des pensées des hommes et de celles des femmes. »

-« Si tu le dis ! »

Consécutivement à un nombre incalculable de formules dissuasives, en dépit de longues années de solitude, malgré le pressentiment de m'être engagée dans une guerre secrète dont mes contemporains ne voyaient que le haut de l'iceberg, après avoir ressenti de forts rapprochements avec le Créateur sans avoir à qui le confier, après avoir présumé être la seule « *baalat Teshouva* » au monde, à la suite de tant de larmes versées, d'incompréhensions, de cynisme, d'embrassement, de prières, d'insistance, d'explications, de lourds silences... mon mari allait sortir de son endormissement. Pour commencer il arrêta de désapprouver mon tenues pudiques pudique, jusqu'à complimenter ce vêtement, ne manquant pourtant pas de refléter la Judaïté, il compara notre nouveau mode de vie et celui des gens si éloignés, pour en apprécier les fruits, finalement, ça n'était pas si répréhensible que cela. Il s'aventura timidement à prononcer Son Nom : « Grâce à D... ! Si D... veut ! », à poser des questions : « C'est quoi la Bénédiction de ça ? Par quelle main on commence l'ablution du matin ? », se décider à oser porter une kippa pendant les repas pour, enfin assumer de la porter du petit jour à la nuit, et décida de mettre les *Tefilines* , après bon nombre de supplications, prières et lectures de perek shira. Il en avait fallu du temps et de la patience, moi l'être impatient que j'étais, pour découvrir avec joie que la délivrance tant attendue pointer son nez délicatement.

Dernièrement il m'a remercié de l'avoir poussé avec insistance, à porter la *kippa*, à prier et à aller à la synagogue le *Chabat*, car il ressent que c'est sa vraie nature. Jamais, au grand jamais, quand j'avais le lourd sentiment de le contrarier, je n'aurais pu imaginer, même dans mes rêves les plus fous, qu'il serait heureux au point de m'en remercier. Combien d'élans de renforcement spirituels j'ai maintes fois repoussés, au début de notre rencontre avec mon mari, par peur du conflit, de l'abandon, du rejet... Combien de discussions mouvementées m'on donné le sentiment que le tunnel n'avait pas de bout. Si ce n'était la souffrance mentale par laquelle j'étais passée, combien le doute aurait été grand face à chacune de mes décisions de renforcement. Fallait-il en arriver là, pour ouvrir les yeux et le cœur ? Si le résultat m'avait été annoncé dès le début, j'aurais sans aucun doute, choisi le chemin de D..., plus tôt.

ברוך ר' שהיגיענו לזמן הזה.

Ca y est ! Je découvre en fait la véritable nature de mon mari. Sa grande pureté ! Cette naturelle répulsion qu'il avait pour les films, les sorties et les romans l'avait protégé ! C'est après plusieurs années d'écoute de cours sur le *Chalom bayit* (paix conjugale) et sur l'importance de juger son prochain favorablement, que je réalisai l'immensité de bonnes *midot* que portait en lui mon mari. La grande patience, la bonté, l'efficacité, le zèle, la pudeur, la volonté d'aider l'autre jusqu'au bout, juger l'autre favorablement, la rigueur, la propreté, l'organisation, la bonne volonté, la bienfaisance, la générosité et surtout l'humilité ...j'avais devant moi un *Sefer Torah* vivant. Il avait fallu me purifier pour pouvoir le voir ! Merci mon D... pour ce cadeau ! Mon mari était mon bien le plus précieux ! Lui seul détenait la clef de mon coffre. Celui à qui je tournais le dos autrefois. Celui que je pensais devoir changer ! Moi, si intuitive comment n'avais-je pas décelé, dans son sourire, toute cette délicatesse intérieure. Les enfants qu'il m'a donnés, prouvent à chaque instant l'intégrité dont fait preuve leur ascendant. Il nous reste encore beaucoup de labeur, et la vie n'est pas un long fleuve tranquille, mais au moins nous nous sommes engagés sur la voie de l'effort. Le travail est dur, mais moins que la souffrance du non-travail. Se contenir, laisser passer un temps avant de réagir à chaud. Prendre beaucoup de recul, chose détestée du mauvais penchant. Ne pas se contredire sans cesse. Lâcher prise, et surtout parler au Créateur, lui demander son avis. Demander de l'aide... le paradis sur Terre existe.

Le Chabat

Merci que le Kidoush ne soit plus avalé devant star academy. Merci d'avoir remplacé ces lectures d'avant, rédigées par des pervers corrompus dont la noirceur n'avait plus de bornes. Les photos de mes maitres ancestraux ont supplanté les journaux aux

photos de corps dépravés de riches héritières et de chanteuses de
pop désespérées, dont les légendes excellent en nullité. Merci que
l'instant dominant de ma journée ne soit plus celui où je
m'affalais dans un matelas, alors que mon esprit n'était déjà
plus, mais bien au contraire lorsque ce dernier se délecte de
connaissances sur la Paracha. La Bible a remplacé les journaux
accablant par leurs publicités véreuses et destructrices. Je me sens
si redevable d'avoir pu ouvrir les yeux sur la valeur
époustouflante du Chabat. Moi pensant l'observer, c'est en
réalité lui qui me préservait. En ce jour si distinct et intense, on
raconte que l'Eternel nous octroie, à chacun, une âme
supplémentaire dans le but de pouvoir s'enrichir de toutes les
connaissances et les bienfaits contenus dans ce jour. Des
générations entières de sages et pieux ont enrichi les commentaires
de notre Bible, tous les Chabat d'une vie, ne suffiraient pas à les
lire. J'ai soif. Soif de toi Hashem. Et moi, asséchée, nouvelle
émergeante du désert, mon état de déshydratation frôle la
défaillance.

Aujourd'hui le Chabat est ce qu'il est. Il est mieux
qu'auparavant, cependant mon ancienne avidité de
matériel s'est vue remplacée par une avidité de Sainteté.
Mon Chabat va en s'améliorant mais il est encore loin du
CHABAT, celui, divinement orchestre, appartenant à ces
hommes pieux immensément riches de la magnificence du
Créateur. Chants vertueux, paroles allégoriques et
réjouissances propres à cet instant. Il y'a pire que moi, il y

a toujours pire, mais depuis quelques années, j'aspire au mieux.

Tsama nafshi ! Je suis insatiable de Ton Chabat, cadeau fabuleux, pour Ton assemblée, si elle le mérite. Comment le mérite-t-on mon D... ? En souhaitant l'obtenir de tout son cœur ? Eh bien je le décide ! Cèdes le moi, je T'en prie. Des chansons du Chabat, hymnes purs et cantiques doux à mon cœur. Des enseignements sur la *Paracha*, des paroles fortifiantes. Plus de politique à mes oreilles et oh ! Je T'en supplie, plus de paroles de médisance. Cela affecte mon âme en pleine jouissance de Ton *Chabat*. Plus de disputes, plus de gestes vains. Uniquement le repos juif. La liberté juive. Celle de ne plus dépendre de la révolution électronique. Celle, de ne plus croire exister à travers la culture du monde *goy*. Celle de pouvoir manger des plats dignes de ce jour. Oui ! Mais pas seulement...Me nourrir aussi des paroles, des degrés et des sons dignes de ce grand Jour de fête.

Croquer à pleines dents la puissance du *Chabat*. M'en prendre plein la tête ! Des chants, des paroles, puis des chants, puis des paroles. Des prières, puis des chants. Je ne veux pas dormir ce jour-là ! Je ne veux pas rater un instant si cher à mon âme. Parfois, mes voisins reçoivent leurs fils et belles-filles le *Chabat*, alors à mes oreilles, retentit un son qui me rend envieuse, un son que je désire fortement en ce jour-là. Si mélodieux, si harmonieux, si approprié, si parfait. Des chants de *Chabat* comme j'en rêve. Alors je me volatilise et vais me placer sous leur fenêtre, la joie et l'émotion s'agitent en moi. Je veux faire partie de Ton projet, de Ta vérité. Je veux que dans ma maison retentissent Tes louanges. Je veux être la « *Em ha banim sme'ha* » (La mère heureuse des garçons). Enivrée par les voix des miens, chantant l'Eternel. Oh ! Chants de *Chabat*, je vous languis tant aujourd'hui, lorsque dans un passé lointain je vous foulais du pied. J'ose l'avouer, telle une railleuse, je vous méprisais. Je ne connaissais pas votre valeur. Mon âme dormait et ma personne ne savait vous estimer. Oh ! Chants de *Chabat*, ne me tenez point rigueur, ne m'en voulez point. Oubliez cet affront et répondez à mon invitation insistante. Je regrette mon inculte erreur. Mes passions d'alors furent dirigées par mon entretien de l'illusion. Aujourd'hui une soif de la vérité m'anime, et chaque *Chabat* je réalise la grande précarité spirituelle que je traverse. Tout en goutant aux ambitions des plus grands des deux mondes. Oh ! Chants de *Chabat*, oh ! Paroles saintes, ne me boudez point. Je sais ça n'est pas le cas, c'est mon interprétation humaine de la chose. Mais quel manque dans ma maison. Que devrais-je faire pour vous montrer mon dévouement et vous faire oublier mes anciennes volontés ? Vous êtes ma nouvelle passion, et à la fois, si ancienne. Lorsque mon âme se réjouissait de votre perfection, auprès du Trône céleste.

Le tralala

Lorsque j'aimais les marques de luxe, leurs créateurs, eux, ne voyaient en moi, qu'une simple cible. Alors que j'étais prête à tout, afin d'obtenir leurs articles, j'enrichissais des poches déjà pleines, pensant accéder à une classe. Mon orgueil s'emplissait. Je me pensais supérieure dans mes Chanel. Mais supérieure à qui ? A des miroirs emplis de la même avidité ? On était tous atteints, à des degrés différents. C'est fou ce que l'imaginaire peut faire d'une eau parfumée, d'une montre ou d'un sac à main. Mais que faire ?! Il était servi l'cerveau. Bombardé de droite à gauche, en haut, en bas, assis, debout. Il recevait les codes qui le poussait à croire qu' « avoir c'est être ». Travailler sur soi, c'est être. Ou comme disait Thucydide : «Il faut choisir : Se reposer ou être libre. » Ah ! Pauvre cerveau, on t'a fait tourner en bourrique ! Aujourd'hui, ils continuent à chercher à t'atteindre, mais tu es moins dupe. Tu voyais bien qu'elle n'avait pas l'air épanouie, la dame sur l'affiche, avec sa nouvelle montre en diamant. Carrie Bradshaw, hystérique en acquérant sa énième paire de chaussure...Mais qui a dit que l'hystérie était bonne pour la santé ? Et ces gens, qui rament des années durant, pour s'offrir un bout d'cuir, dans lequel il n'y a même pas la place pour un livre de poche. Le mec au volant de sa carcasse, il avait l'air trop heureux...c'était louche. Quand on a goûté au délice du Chabat et à la « *metikout* » (douceur) de la Torah, c'est dur de s'enflammer pour un bout de plastique... Même avec une forme travaillée ! Un appartement de plus, une villa sous les palmiers... Celui qui multiplie les biens, multiplie les soucis... et ben ! Ça coûte cher les soucis. Une goutte de rosée sur l'herbe fraiche du matin, respirer l'odeur du jasmin dans les rues de Jérusalem, sentir l'odeur de son bébé, s'émouvoir en cuisinant pour son mari, entendre son fils chanter les psaumes de David, en attendant qu'on vienne le chercher à l'école. Ouvrir les yeux et se délecter de voir son corps fonctionner. Voir une migraine nous disparaitre subitement après une heure d'isolement pendant laquelle on a parlé à D..., et on a touché le point ! Lever la tête au ciel, en pleine journée, et voir l'immensité des nuages. Se dépasser dans le don de soi. Rire à l'humour du Créateur...Tout cela est hors de prix, et pourtant à la portée de tous, et financièrement parlant, c'est gratuit. Ils ne m'auront plus les Gucci, Vuitton et autres Burberry...ou pas autant. Si je m'achète une paire aujourd'hui, le but sera différent. Faire honneur au Chabat et non pas aux clients. Honneur à *Hashem* et non plus aux concurrents. Honneur à la créature que je suis et non à la pauvre cible que j'étais. Aujourd'hui, la vie n'est pas un long fleuve tranquille, mais au moins, je ne nage plus à contrecourant, et je ne me sens pas effacée pour autant. C'est l'inverse, je me sens tellement plus riche de l'intérieur, n'étant plus dans la compensation extérieure. Mais je n'ai rien perdu de mon caractère, bien au contraire, je me rapproche beaucoup plus de celle que je suis vraiment, et en faisant les choses en Son nom, le comble intérieur s'en retrouve intensifié. Adieu, le sentiment de vide, d'inutilité, de manque de sens. Dès lors, tout acte anodin se transforment en *Mitsvah* : manger, dormir, acheter des vêtements, chanter, être joyeuse, éduquer ses enfants, servir son mari, faire le balai, écrire un livre, acheter un pyjama, une nouvelle voiture, se réveiller, respirer... *Lemaan Shemo beaava* (En Son nom, avec amour). Et non plus acheter dans le but de remplir un grand vide, toujours consommer plus, paraitre, servir des buts peu loyaux, jalouser, être en compétition, combler l'illusion.

Ah ! Vous ne le saviez pas ? J'espère ne pas vous décevoir mais la compétition n'existe pas entre frères et sœurs Juifs. Cela est une grande illusion. On peut être motivée par les capacités de réalisation de son prochain dans le but de se réaliser soi-même, mais vouloir le dépasser dans le but d'être meilleur, que lui, n'a aucune sorte d'intérêt, puisque nous sommes tous uniques, avec des aptitudes uniques, des difficultés intérieures uniques, un but de réparation unique. Chercher à réaliser la même chose que mon prochain dans le but d'être meilleur est une perte de temps et un mensonge d'une grande ampleur concernant notre âme. Ah ! *galout*, ce que tu as voulu nous faire croire, Adrianus, trompeur, « fourvoyeur », menteur, orgueilleux, impatient, méprisant. Tu vis dans l'illusion la plus totale, toi qui veux tout quantifier. Tout dépasser. Tout comparer. Toi qui veux des résultats instantanés. Tu veux nous tromper avec tes supercheries de haute technologie. Tu veux notre perte. Tu vois l'extérieur des choses. Pour toi n'a de raison d'être que la beauté, la puissance, la gloire, la jeunesse, le muscle, la richesse extérieure. Mais bon sang ! N'y a-t-il aucune profondeur dans ton monde ? N'as-tu peur de rien ? La chute du sommet de l'illusion où tu te trouves, jusqu'au sol de la réalité, ça va faire mal ! La sagesse, n'as-tu pas entendu parler ? Le mot temporaire, te parle-t-il ? Rien n'est infini, sauf le Créateur. Ton palais n'est pas suffisamment aiguise pour gouter aux délices du *Chabat*, ton ouïe est sourde au son merveilleux d'un enfant Juif qui étudie la *Torah*, tes yeux sont aveugles a la vue de ce peuple qui renaît et réalise des exploits dans la sanctification.

106

La vie est un cocktail

Maman, dernière de 10 enfants, travaillait comme maquettiste pour sa sœur ainée, dans une enseigne de journal bien connue. Il arrivait, entre autre, qu'elle fut payée par échange de marchandise. C'est discrètement, qu'elle nous l'avait annoncé, car fréquenter un hôtel de ce standard, n'était pas notre pain quotidien. Deauville et son casino. Sa plage, son climat, et surtout l'Hôtel Royal...A nous la belle vie ! Et dans un grand papillonnement, j'avais entrepris de faire ma valise, qui un mois auparavant était déjà bouclée dans l'étroit couloir de l'entrée. Robe de soirée, bijoux fantaisie et surtout ma cagnotte durement gagnée, à force d'économies, de rares centimes qui se perdaient dans les coins de la maison, jusqu'à atteindre la coquette somme de 50 francs. Dès lors, il était bien évident, que Deauville serait le lieu de sa dépense. Cette nuit, je gagnais difficilement le sommeil, mon palpitant fut sans repos ... ah, la vie de luxe m'appelait ! Ce goût prononcé pour le raffinement me gagna très jeune. Huit ans à peine, lorsque je m'imaginais vêtue de ma somptueuse robe de Pourim, déambulant dans le fastidieux palace du nord de la France. Les choses dépassèrent mon imagination, et c'est parée du peignoir brodé aux initiales de l'hôtel que je découvris la splendeur de la piscine, taillée en marbre et sertie de mosaïques précieuses, elles-mêmes, gravées de ces fameuses lettres. Les chaises longues recouvertes de serviettes blanches immaculées, toutes alignées, aussi nombreuses qu'elles fussent, m'inspiraient éblouissement et à la fois intimidation face à toute cette magnificence ! J'emplis mon poumon de tout l'air qu'il pouvait accueillir et dans un pas de course euphorique, laissa mon organisme gagner la grande baignoire, aussi luxueuse que déserte. A moi l'opulence !

J'observai alors, du fond de la piscine, un bar discret, accessoirisé de chaises hautes. Quelle expérience cela devait être ! Je m'y dirigeai et osai dans une grande émotion intérieure demander la carte. Le titre cocktail attira mon attention. J'affirmai de toute l'assurance que je possédais alors, au serveur :

-« un cocktail s'il vous plait ! »

-« lequel ? »

Apres une longue hésitation de ma part, il reprend :

-« Le Sunset ca te va ? »

-« oui, merci. »

-« C'est 50 francs. »

En réalisant que c'est mathématiquement, la somme que je créditais, un ravissement intérieur me parcourut. Mon labeur fut efficient. Le serveur revient, après une attente infinie. Je reçois *mon cocktail, Je me délecte, tout est parfait. Mon cœur est enchanté. Rien ne pouvait être mieux qu'en ce moment. Je vis pleinement l'instant présent. Le climat est bon, ou peut-être pas, en tout cas rien ne me dérange.*

J'ambitionne aujourd'hui de vivre ma vie dans cet état de plénitude. La réalité que mon Créateur me propose à chaque instant, est, pareille à ce cocktail. Je dois l'accepter ainsi, et vivre l'instant présent pleinement. Le climat n'est pas le mauvais. La situation n'aurait pas pu être meilleure, le choix que j'ai fait est le bon. Comme le dit un célèbre philosophe : « Par réalité et par perfection j'entends la même chose ». Ne pas remettre les circonstances perpétuellement en question. Rechercher cette plénitude du cœur. J'aurais pu, alors, me demander si j'avais choisi un autre cocktail, peut être le goût aurait-il été encore meilleur, si seulement il avait fait un peu plus chaud ? Ou encore, avais-je bien fait de dépenser ces 50 francs durement trouvés ? Non j'ai tout simplement, dans la grande innocence propre à cette jeunesse, profité pleinement du moment.

On nous enseigne, que c'est au lendemain de notre *Bar-Mitsvah*, 12/13 ans, que D... nous gratifie du bon penchant... et très inévitablement des exercices qui vont avec. Dans une bonne mesure, il est bon que le Juif utilise ce dernier dans le but de se poser toutes les questions nécessaires à sa sauvegarde : s'alimente-t-il selon les règles, sa tenue est-elle décente, garde-t-il le Chabat comme il le devrait? En revanche, concernant la réalité que D... lui offre, il doit s'en réjouir, supprimant toute question. Ce sont les enfants qu'Il nous donne...ou pas. Ce sont les parents qu'Il nous attribue, c'est la situation qu'Il a décrétée bonne pour nous. Il veut nous entendre rire et nous délecter de Sa bonté. Il veut nous voir profiter de Ses cadeaux, instants magiques de la vie. Respirer, observer le ciel, marcher, apprécier l'instant présent, pour en faire un présent. Apprécier la compagnie de son conjoint tel qu'il est car c'est précisément comme cela qu'il est bien pour nous. Heureusement que nous n'avons pas les rênes de tous les éléments de notre vie. Vers quelle perdition nous serions nous amenés, si nous avions suivi notre appétence, nos envies instinctives. J'aurai pu être la star du design, si j'avais eu le pouvoir de m'octroyer mon rêve d'adolescente, mais oh mon D... qu'aurais-je raté! J'aurais pu changer mon mari selon mes lubies, une fois, cinéphile, une autre, orateur doué, ou encore, *Hassid* orthodoxe... J'aurais brocanté la nature si riche de mon mari pour me retrouver face à un miroir...Qu'aurais-je gagné? Comment aurais-je pu évoluer sans sa force contraire, qui, sans cesse, me pousse au surpassement, à devenir meilleure, pas comme moi je l'imagine mais comme Celui qui possède un grand recul sur nos vies, le souhaite. Me laisser porter par l'instant présent. Le vivre à 100%. Ne pas en perdre une miette dans l'idée qu'une

autre réalité aurait été meilleure. HEAR AND NOW !
Savourer ce cocktail goûteux qu'est la vie et admirer les
prouesses du grand Metteur en scène....

Diaspora

Française de naissance, riche d'une culture certaine ...j'arrive en Israël. Mon calendrier avec ses Saints, la mode Européenne, la bienséance Française. L'histoire de la Gaule. La politesse. Le goût du raffinement. Une grande nostalgie de mes amies, Magou, Awatif et Laure ainsi que nos balades au Châtelet. J'allais m'y accrocher dur ! Idéaliser ces instants passés, sacraliser cette culture du beau. Ni mon nom, ni mes habitudes ne changeraient. J'en avais fait le vœu. Et c'est avec tout ce beau bagage que je vais rencontrer Hamoutal, Shira et Gafnit. Leur liberté de mouvement, leur attachement à la nature : ou comment elles dansaient sous la première pluie de Novembre. Leurs cheveux rustiques, leur sac-à-dos d'un autre temps. Leur sandwich aux concombres de 10h00, leur collier aux pierres naturelles pour seule fantaisie, et plus fort que tout, leur désintéressement total du regard de l'autre...pourquoi je n'avais pas vu la merveille que cela était ? Pourquoi m'a-t-il fallu plus de 15 ans et tellement d'allers retours, pour enfin les aimer, leur parler, et ne plus jamais vouloir repartir. Comprendre que mes sœurs étaient bien plus intimes à mon cœur que ce que je me résignais à imaginer.

Alors que la curiosité me gagnait, je décidais de taper ma date de naissance sur Wikipédia. Hormis le fait qu'elle coïncidait avec la sainte Odette, je n'en connaissais pas plus, et voilà ce que mon ami l'écran allait me révéler : hitler ! Résultat lui-même de ce beau jour printanier du 20 Avril. Dès lors je décidais fermement de fêter le jour de ma naissance en date hébraïque uniquement.

Et c'est en m'intéressant de plus près à mon calendrier juif, que j'allais recevoir de jolis cadeaux : mon fils n'était pas né un vulgaire 28 novembre mais « Aleph bé kislév», la tête du mois. Ce mois où la lumière infinie du Créateur, recommence à descendre dans notre monde, pour à travers les bougies de Hanoucca, continuer d'émaner en grande puissance, tout au long de l'année. C'est alors cela mon cadeau ! Dans l'obscurité totale de ma vie, j'ai mis bas, une porte vers la lumière s'est ouverte dans les cieux, et ici-bas. Le tunnel fut obscur, mais l'ouverture fut baignée d'une lumière, que je continue de recevoir, sans cesse, depuis ce jour où j'ai décidé de me couvrir la tête. Mon second enfant, celui qui exhalait une odeur d'Etrog, naquit le jour de la commémoration du Baal Chem Tov, le fondateur du Judaïsme hassidique. Le troisième, nommé par mon mari Zeharia, dont la racine du nom est « souvenir », venait au monde le jour de l'ouverture de la mer rouge, et sa Brit mila eut lieu le jour de « yom a Shoa », le jour du souvenir de la Shoa !

Le chemin de chaque être étant décidé d'avance par notre Créateur, je ne peux remettre en cause, l'endroit où j'ai vu le jour, ni le lait de la nourrice qui m'as sustentée, mais aujourd'hui lorsque je goûte au lait de ma mère, la terre d'Israël, je sens tout mon être prendre vie. Si je m'accroche au souvenir de ma terre d'adoption, le péril est grand. Maman, tu m'as attendue, et m'as préparé des cadeaux. Le nord avec ses plaines et ses oiseaux visiteurs, Jérusalem d'or, les rivières naturelles, le miel et le lait, l'eau, la terre, la pierre, le ciel, la lumière, le goût, l'odeur, la connectivité sans bornes, l'énergie, les secrets que je ne comprends pas, les ressources, l'air, mon mazal, mes frères et sœurs, et surtout les chemins créés pour moi, ceux où je me retire et m'adresse à Lui, lorsqu'à la vue d'une biche téméraire, je chante pour le remercier de m'avoir ramenée. Parfois mon cœur est recouvert d'une couche, moins épaisse qu'auparavant, et je ne parviens à m'émouvoir devant tant de proximité avec mon Créateur. Parfois je vois tout, je comprends un peu, je L'entends au travers de signes fabuleux, et mon cœur s'émeut. Je pleure de joie. La nourriture sous contrôle et le lait d'Israël que j'absorbe, me nettoie de l'intérieur. Je comprends alors, que mauvaise, je ne le fus pas. Bouchée par des substances néfastes à mon âme, indubitablement. Aujourd'hui je voyage moins. Ma vie, extérieurement, n'est que peu trépidante, mais je travaille dur. Cela n'est point la distance kilométrique qui rend, à l'instant présent, ma vie intéressante, mais bien la distance intérieure que je parcours, recherchant mon âme de toutes mes forces. Voilà mon unique adresse. Parfois ma chair a besoin de voir du pays, alors je lui réponds un peu, et n'est-ce pas une Mitsvah que de parcourir le pays en long et en large ? J'ai convaincu mon âme. On part sur les hauteurs de la piscine du Sultan, pour observer les secrets de la Terre. Les réverbères cachés par les pins géants aux racines profondément ancrées, témoins d'époques ou tantôt le peuple conquit tantôt fut conquis. Aujourd'hui c'est somptueusement qu'il affirme sa renaissance. Comment ne pas être fière, ne pas faire partie de cette puissante résurrection? Ah! Galoute, quand tu nous tiens. Israël, pardon. Disculpes-moi *d'être, autrefois, venue sur toi, me pensant supérieure. D'avoir un jour prononcé cette affable critique : « en Israël, il n y a pas cela... », et pour cela, de m'être approvisionnée ailleurs. Pardon de ne pas toujours t'avoir observée avec délice, d'avoir cru que JE t'apportais quelque chose. D avoir cru que tu avais besoin de moi pour évoluer. Pardon maman de t avoir manqué de respect. De t avoir foulée nonchalamment. Pardonne l'orgueil que tu as dû supporter dans le silence et la patience de voir mon absurdité disparaitre. Pardon d'avoir mépris tes enfants en ton sein. Pardon de n'avoir pas pleuré en entendant la Tikva. Pardon d'avoir cru qu'un meilleur jour m'attendait ailleurs. Pardon de n'avoir pas toujours planté en toi, l'espoir de voir ma vie s'enraciner en ton champ. Pardon de n'avoir pas toujours mangé tes fruits avec émotion. D'avoir méjugé ton pouvoir, d'avoir voulu te changer. De ne pas t avoir observée avec émerveillement. Pardon d'avoir ressenti de l'ennui en ta compagnie. Pardon de ne pas t avoir remerciée quand dans ton immense bonté et ton infinie bienveillance, tu m'as reçue il y a 15 ans. Pardon de ne pas t avoir toujours languie. Merci de m'accepter comme je suis et de me donner la force et la vitalité pour donner vie à mon être et permettre à mes jambes de prendre pied pour pousser vers les hauteurs d'un peuple unique. Tu es la seule à pouvoir offrir un sentiment à la fois d'unicité avec un peuple, et d'autre part permettre à chacun de tes enfants de trouver le chemin qui est le sien. Et toi, Jérusalem d'or, d'acier et de lumière, secret des secrets, refuge de mon âme, infiniment gracieuse. Au clair de lune, reflet de ta bonté, je me donne sans partage.*

115

-«Alors ma chère Judith, vous êtes là pour combien de temps ? »

- « Bah ! Écoute, on fait Tel-Aviv, Eilat et après on rentre »

- « Vous pensez venir vivre ici un jour? »

-« Oui, c'est sûr que dans un futur, on s'y voit. Pour nos vieux jours, qui sait ? Mais pas pour tout de suite ! »

-« Pourquoi ? »

-« Tu sais Paola, en Israël y'a pas tout, et que faire, il nous faut notre petit confort. »

-« A quoi penses-tu par exemple ? »

-« Ben ! Sephora par exemple ! »

-« Tu sais quel est l'âgé d'une ville comme Barcelone ? »

-« Non ! »

-« 2000ans ! »

-« Ah ouais! Ca date ! »

-« Et Paris à ton avis ? »

-« 2000 ?»

-« plus de 5000ans, alors c'est vrai y'a Sephora là-bas ! Et Tu sais quel âge a Israël ? »

-« 2000 ans? »

-« 60 ans. »

-« Quoi ?!!! »

-« Il est plutôt précoce finalement ce pays, non !? Y'a des gens ici, plus vieux que le pays lui-même. Alors c'est vrai, y a pas Sephora ! Mais y a pas mal d'autres choses ! Quand ils sont venus les pionniers du pays, il y a 100ans, sais-tu ce qu'ils ont trouvé sur place ? »

-« Quelques *macolettes* ?»

-« Même pas ! Y'avait rien, pas de voitures, ni de routes. Pas d'eau potable, d'électricité, de toit, de champs...y avait rien !»

-« Quoi ?! Y'avais pas de magasins ?! »

- « Ah si, j'oubliais! Y'avait des marécages et des ronces séchées »

-« Ah bon ?! »

-« Et nous on arrive avec notre ego surdimensionné et notre ventre rassasié, et on se plaint parce qu'en Israël y'a pas ça ! »

-« Oups ! T'as raison quelque part. »

-« Les premiers hommes sont venus assécher les marécages. Alors une journée ça va ! Et le soir, où ils dormaient, qu'est-ce qu'ils mangeaient ? Ça tient du miracle ! »

-« Quoi y'avait vraiment pas de routes ! »

-« Eh non ! T'as vu comme tout nous parait évident aujourd'hui ?! On se plaint que les macarons du King David n'égalent pas ceux de Ladurée. »

-« Alors qu'est-ce qui vous empêche de venir vraiment ? »

-« C'est une autre mentalité ici. Tu t'accorderas avec moi, qu'en Israël y a beaucoup de chauffards !? »

-« Ca c'est vrai je te l'accorde ! Mais encore heureux, comment ferait-on sans chofar, à Kippour ? »

-« Nan ! Je veux parler des mauvais conducteurs ! Ils n'ont aucune gêne à faire des queues de poissons.»

-« Tu sais, y en a pas plus que partout dans le monde, sinon le mot n'existerait qu'en hébreu ! »

-« Ouais ben moi, bizarrement, j'en ai croisé beaucoup ici ! »

-« Attention à ne pas juger défavorablement tout le monde. Parfois il arrive que dans l'une de ces voitures se trouve une personne agonisante ou une femme enceinte qu'il faut urgemment conduire à l'hôpital ! Il ne faut pas être obnubilé et à tout prix attester des mauvais traits de caractère des gens ! En voilà une attitude réellement méprisable ! »

-« Je trouve quand même qu'ils sont rustres. Franchement barbares sur les côtes! »

-« Dans quel sens ? Sois précise ! »

-« Y'en a pas un qui fait la queue ! »

-« Ah ! La queue ! Oui c'est vrai, qu'elle est religieusement respectée en France. Y'en a pas un qui dépasse là-bas ! Mais tu sais ce qu'ils ont réellement dans la tête, lorsqu'ils font la queue ? »

-« non ? »

-« Ils fulminent intérieurement ! Ils ne te diront rien mais te feront une tête d'enterrement si tu as eu le malheur de trainer un peu, à la caisse, à trouver ta monnaie. Je n'envisage même pas, le cas où tu aurais oublié de prendre des œufs. Ils s'en rendent malade ! »

-« Attends ! De doubler c'est pas mieux ! »

-« Et pourquoi pas ? Un Israélien est en bonne santé, car il parle. Il y a tout un dialogue sain entre eux. Si quelqu'un est très pressé, il demandera à te doubler. Si l'autre ne veut

119

pas, il le lui dit. Faut pas avoir peur, Il n y a pas de stress car tout le monde exprime sa pensée. Fulminer intérieurement au nom de la politesse est tout sauf Israélien! »

-« ah ouais !? »

-« Que vaux-t-il mieux? Quelqu'un qui demande à te doubler, ou quelqu'un te faisant croire qu'il est poli pensant intérieurement les pires insanités. Quelqu'un qui fait les choses et malheur à celui qui n'en fait pas autant ou quelqu'un qui est droit par soucis d'honnêteté et tant pis pour celui qui ne l'est pas. »

-« Aussi parait-il que les Israéliens sont des requins. »

- « Comment ça? »

-« ils arnaquent tous ceux qu'ils peuvent. »

- « Un être humain qui a décidé de se comporter en arnaqueur, peut se trouver n' importe où dans le monde. Cela est ridicule d'admettre qu'une plus grande quantité d'arnaqueur se trouve en Israël. Aussi la question serait intéressante de se pencher sur le fait de pourquoi un nouvel arrivant en Israël va tomber sur des arnaqueurs... »

-« Qu'insinues-tu ? »

120

-« Le principe de l'arnaqueur arnaqué. En effet, il y a des gens qui arrive en Israël avec l'esprit de vouloir prendre, gagner...ceux-là sont souvent déçus de voir que face à eux, il y a plus entêtés qu'eux. Mais cela s'appelle la force d'attraction et c'est universel. Tu attires ce que tu es. Ou plus précisément D... te mets en face de toi des personnes dont les traits de caractères sont une allusion pour toi-même. Nos sages nous l'enseignent comme cela : « *a possel be moumo possel.* » celui qui décrète un défaut chez l'autre contient ce défaut.   D'ailleurs, moi personnellement, je n'ai eu affaire qu'à un arnaqueur en 15 ans d'*Alya*...c'était un Français ! »

-« Et pourtant des gens proches, que je connais bien, m'ont dit cela. Je peux t'assurer qu'ils sont honnêtes. »

-« Attention aux clichés, on ne sait jamais ce qui se cache derrière. Il se peut qu'une personne soit venue en Israël, qu'elle ait échoué, comme elle l'aurait fait en France ou partout ailleurs. Il préfèrera englober tous les Israéliens dans un même sac plutôt que de s'avouer : lui, le grand businessman a raté. Pour ne pas en arriver à se remettre en question, un homme est prêt à remettre l'entière responsabilité sur les autres. Il y a une règle d'or : il ne faut jamais accepter une généralité, quelle qu'elle soit. « Les Israéliens, les Français, les Américains, les Juifs, les Goy... » Nous ne sommes pas des gens bêtes et aveugles, au point d'envisager que dans une population, il n'y ait pas de variation. Cela n'est pas quelque chose d'uni, d'homogène. »

-« Je ne suis pas dupe en général, mais le nombre de témoignages m'a alertée ! »

-« Pendant la *Shoa* c'est ce qui s'est passé. »

-« Que s'est-il passé ? »

-« On a tenté de faire croire, au travers de clichés, que les Juifs avaient des cornes, un grand nez, volaient l'argent du peuple, tuaient les enfants pour fabriquer des *Matsot* avec leur sang... donc si nous continuons dans ces clichés sur Israël et les Israéliens, ça serait prolonger le travail d'hitler, que D... efface son nom. »

-« Alors comment réagir face à ce type de propos ?. »

-« Bien qu'il faut compatir avec la personne dans sa souffrance, il ne faut pas accepter cela comme un fait, car la médisance sur Erets Israël est tout aussi interdite que celle prononcée sur des êtres de chair. Lorsqu'Hashem envoie une épreuve à une personne, c'est un cadeau qu'Il lui offre pour pouvoir se remettre en question et par là, le faire accéder à un niveau supérieur de sa vie. Il ne cherche qu'à nous fait grandir. Et si une personne ne sait pas cela, elle aura tendance à fuir la remise en cause en traduisant que tout est contre elle : les gens, la vie, D... »

-« Ouh ! C'est vachement spirituel ça ?! Tu veux me dire que toutes les embrouilles qui m'arrivent sont pour mon bien ?»

-«Oui, et en plus de cela, rien ni personne n'a le pouvoir de t'atteindre, si cela n'a pas été décidé Là-haut. »

-« ah bon ?! »

- « Eh oui ! Mais la Source est infiniment bonne...Alors qu'est-ce qui te fait peur encore? »

-«Paola, franchement, tu connais les Israéliens ! »

-« Comment ça ? »

-« Ils connaissent pas grand-chose ! »

-« Ne pas connaitre le pays, ne nous donne pas le droit de le sous-estimer. Cette généralité fait preuve de ton inculture du pays. Les israéliens sont très à la pointe, ils voyagent beaucoup et n'hésitent pas à importer tous les concepts les plus innovants, s'ils ne les ont pas déjà créés eux même ! Tu sais que François Hollande a demandé au Premier Ministre israélien des conseils d'économies ! »

-« Non !? T'es sérieuse ? »

-« Bien sûr. Alors, rassurée ? »

-« Ouais, mais la vérité, c'est qu'en France j'ai tous mes repères »

-« Réponds objectivement à ma question. Si on t'appelle pour te dire que tu as gagné un prix lors d'une grande tombola et tu peux choisir entre les cadeaux suivants: un iPhone, un vernis à ongle Dior et un visa pour l'Amérique, que préfèrerais-tu ? »

-« Ouawoo !? Tu veux dire la Floride, Miami, Santa-Barbara, New York ? »

-« Et tes repères ?! »

-« Attends! L'Amérique c'est une sacrée aventure quand même. On peut toujours se débrouiller. »

-« Sacrée, tu dis ? Je n'aurai pas utilisé ce mot, mais si tu le dis ! En tout cas, tu vois cette conviction, tu l'as en toi. Eh bien Israël c'est THE aventure. Ni plus ni moins ! »

-« C'est pas pareil. En plus Israël, faut vraiment avoir les moyens. Financièrement ce n'est pas possible !

-« Je me méfie beaucoup du prétexte de l'argent. Il a bon dos. Si ce qui te fait peur, c'est de ne pas avoir le même standard de vie, ici et là-bas, je n'appelle pas ça un empêchement financier. »

-« Ah bon ! Et c'est quoi alors ? »

-« Des caprices illusoires. Mieux vaut un petit chez soi qu'un grand chez les autres. »

-« La France c'est chez moi, je suis française avant d'être juive! »

-« La France c'est ton pot. »

-« Mon pot ?! »

-« Oui, tu serais un peu comme un arbre planté dans un pot. Un très beau pot, mais un pot quand même. Il n y a pas mieux, pour un arbre, que d'être planté dans la terre. Ces racines peuvent s'épanouir dix fois plus et il grandira davantage. »

-« Ça tu l'as dit, c'est un beau pot.»

-« Oui, et pourtant, même un pot en or massif n'égale pas les bienfaits de la terre. Aucune autre place n'est envisageable pour les racines d'un Juif. L'argent, le standard, l'abondance matérielle...rien n'égale le luxe, qui n'en est pas un, de prendre racine. »

-« Je crois que tu ne sais pas ce que c'est que d'avoir construit en France ! Mon métier, mes affaires, mes habitudes, tout s'y trouve. »

-«Tout ce que tu dis avoir construit, a une finalité. Venir en Israël, c'est infini. »

-« Infini !? »

-« L'épanouissement dû au pays, est indubitable. Une personne affirme s'éclater en Galout, avoir tout ce qu'elle désire... Eh ben, ses racines n'ont pas encore pris. Il a beau se sentir assimilé, grâce à l'ouverture du pays dans lequel il vit, sentir un bien être profond, il est encore dans un pot. C'est peut être un pot d'artiste, somptueux, opulent, en mosaïque, original...ses racines ne sont pas dans la terre. »

-« Tu sais, j'vais te dire franchement. Je me vois en Israël, ça c'est sûr, mais pas pour tout de suite. Ça viendra, y a un temps pour tout. »

-« Alors je vais être honnête avec toi. »

-« Quoi donc ? »

-« Tout n'est pas rose en Israël. »

-« Ah ! C'est ce que j'essayais de te dire tout à l'heure. Ben, on se rejoint finalement. »

-« Non, La difficulté n'a rien à voir avec ce que tu as émis »

-« Ah ! Y'a autre chose que je ne sais pas ? »

-« Oui, il y a l'intégration. C'est une étape à passer. La difficulté ne réside pas dans ceux avec qui tu dois t'adapter, mais dans celui que tu dois adapter. »

126

-« Celui que je dois adapter. Attends...c'est moi ? »

-« C'est Toi. Bingo ! Plus la distance entre ton toi et Erets Israel est grande, plus l'adaptation est ardue. La galout étant à l'opposé extrême de tout ce que représente Israël, plus on y baigne et plus notre personne aura de la difficulté à s'adapter. »

-« Ça veut dire quoi ? Un adulte n'a aucune chance de s'intégrer ? »

-« Pas du tout cela n'a rien à voir. L'intégration est possible à tout âge, mais plus le décalage est grand, plus c'est dur. Non pas en termes d'années de vie, mais plutôt d'appréhension. Il y a des personnes vivant depuis plus de 30 ans en Israël et qui ne parlent pas Hébreu, d'autres montent pour faire l'armée et parlent couramment après un an. »

-« Tu vois Paola, c'est vraiment ça qui m'angoisse. De ne pas avoir la langue. Ce sentiment qu'on va se moquer de moi si je vais tenter de m'exprimer en Hébreu. »

-« Tu fais bien d'évoquer ce problème. »

-« Ah ! T'es bien d'accord? C'est réellement un problème que les gens se moquent de toi lorsque tu tentes de t'exprimer ! »

-« Là n'est pas le problème. »

-« Mais à l'instant tu as dit que... »

-«Je m'explique. Israël est un pays d'olim hadashim. »

-« Olim quoi ? »

-« De nouveaux arrivants, si tu préfères. Le pays a été créé puis peuplé, par des immigrants. C'est un melting-pot extraordinaire. La culture de l'étranger est très présente dans les esprits. »

-« Ah bon ?! Et les Israélo purs alors ? »

-« Tu veux parler des Sabras ? »

-« C'est quoi les Sabras ? »

-« Les sabras désignent les Israéliens de naissance. Sabra veut dire figue de barbarie en Hébreu. C'est piquant à l'extérieur et ...

-« Doux à l'intérieur ?! Oh ! C'est drôle cette comparaison.

-« Les Israéliens de souche sont rares. Tous ont des antécédents Russes, Américains, Espagnols, Français, Ethiopiens... »

-« Qu'est-ce que ça change au problème? »

-« Se moquer de toi, est bien la dernière de leurs occupations. C'est dans ta tête : ton ego va te crier que tu es quelqu'un de tellement intelligent ! Alors comment se fait-il que tu ne puisses pas le démontrer aux Israéliens ? Et donc il te fait croire qu'il vaut mieux que tu te taises. »

-« Toute ces fois où je me suis tue et j'ai préféré leur dire : French! French! T'as p'tetre raison quelque part, je ne parle pas Hebreu mais depuis l'temps qu'je viens, il faudrait que j'm'y mette!»

-« La langue maternelle d'une personne est un terrain acquis. Une nouvelle langue ça remet beaucoup en question...mais tout ce processus, bien que corsé, est très positif, et contribue a l'assainissement de l'ego. »

-« L'ego ? Décidément je n'avais jamais pensé à cela ! »

-« Une chose est sure, tous les Juifs finiront un jour par monter. Si tu ne le fais pas toi, ce seront tes enfants ou tes petits enfants. »

-« Ah ! En voilà une phrase optimiste ! »

-« Et pourtant, tu peux dès aujourd'hui leur offrir ce cadeau, en leur évitant les aléas de l'intégration. Car les choses ne s'arrêtent pas à ton choix, mais reviendront a coup sur chez tes enfants, lorsque la question se posera pour eux dans leur quête de vie, de bien-être, de liberté, de Judaïcité, d'épanouissement réel. »

-« Mais qu'est-ce que ça change ? Moi ou eux... »

-« N'ayant pas besoin d'apprendre la langue et de s'adapter, Ils pourront s'adonner a des choses encore plus grandes. »

-« Encore plus grandes !? Comme quoi ? »

-« Ben, comme par exemple, mieux connaitre la culture, avoir une meilleure compréhension des codes du pays. Mieux palper l'endroit et par là, mieux prendre racine, mieux construire, faire les bons choix. Il connaitra des endroits, qu'on n'a pas toujours le loisir de découvrir. Il saura choisir le meilleur lieu d'habitation pour lui et ses enfants. »

-« Ah ! Oui, j'dois avouer que ça fait rêver... »

-« A l'évidence, il n y a pas comme un arbre qui aura poussé dans la terre depuis le début. Si tu vois ces pins géants sur les hauteurs de Jérusalem, tu resteras bouche bée. N as-tu pas envie que ta descendance ressemble à ces arbres ? »

-« ... »

-« Mais ne pleure pas Judith, y'a encore de l'espoir. »

-« Paola ? »

-« Oui ma chérie ? »

-« T'en as de la chance »

-« Je sais! Mais Pourquoi tu dis ça ? »

-« Parce que t'y es toi ! Ca y'est t'as passé le cap. »

-« Judith c'était vraiment dur, mais si c'était à refaire tous les jours je le referai. »

-« J'aimerai aimer le pays comme toi. »

-« Ça n'a pas toujours été le cas. Moi aussi je suis venue avec mon ego. Il m'a mis pas mal de bâtons dans les roues. Mais la Terre c'est comme une mère...on ne la quitte pas. »

-« Paola, j'avais pas vu tout ça. Comment j'ai pu me laisser aveugler. Tu crois qu'il y a une fac pour faire les études que je voulais faire ici. »

-« Il est douloureux de voir qu'un Juif, ne profites pas de ce fabuleux cadeau qu'est la Terre d'Israël, à cause de peurs injustifiées ! Oui tu trouveras la bonne fac. »

-« Mais tu ne m'as pas demandé ce que je veux faire! »

-« Et pour cause : en Israël il y a tout. »

La bise

L'art de la bise, n'est pas des moindre! Dans un rapprochement du cœur et du Corps, nos joues se frôlent. La douceur de ma peau contre la leur. Il hume mon odeur, je devine la sienne. Parfum délicat, subtil ou riche. Effluve de savon ou de lessive. Citronné, musqué ou boisé. Le son de mes lèvres à ses oreilles. On s'aime, ou pas, on ne se connaît pas, la bise est de mise. Ah! France, pays de mon enfance. Toi investigatrice de « bonnes manières »: Bise à tonton, bise aux cousins et aux copains. Bise au facteur, bise aux vendeurs et bise à toi. Bise au beau-père, bise au beau-frère et bise aux autres. Bise au connu, comme à l'inconnu. Bise heureuse ou bise déçue. Bise surprise ou bise déchue. Bise théâtre ou bise acariâtre. Elle rapproche les esprits, brise la glace, allège l'ambiance, rassure les moins assurés, comble les plus abandonnés, honore les plus orgueilleux, pacifie les plus agités. Oui, finalement, la bise est une bonne compensation à tous les manques... et pourtant !

Je commençais à comprendre le point de vue de la Torah sur cette fameuse bise...je me doutais bien qu'embrasser tout le monde et n'importe qui n'était pas chose admise. Toutefois, il y a bien des exceptions, me disais-je. Un jour mon meilleur ami, la conscience, me dicta de poser la question à un Rabin.

- « bonjour Rav, puis je continuer de faire la bise à mon beau père, que je ne considère pas moins que mon propre papa. Vous savez, nous venons de France, ou la bise fait vraiment parti intégrante de nos mœurs. Aussi je désire autant que possible ne pas le vexer... » J'attendais sa réponse, déjà certaine de recevoir mon tampon d'approbation...

- « Dans la Torah, il est question de trois transgressions, à propos desquelles on nous ordonne de se faire tuer plutôt que de les transgresser. Celle-ci en fait partie. Shalom. »

J'allais dès lors devoir affronter le regard dépité, de mes semblables. Ce fameux « qu'en dira-t-on ?», moi qui m'espérais insensible à la pression sociale, j'y étais! En plein dedans ! Et bien que mon choix fût décrété, sans hésitation aucune, je redoutais, malgré tout, le contact avec autrui. Heurter fut mon inquiétude dominante, la raillerie n'ayant sur moi, D... merci, que très peu d'impact face à la véracité de la Torah. L'accumulation d'inquiétudes que j'avais échafaudées dans ma tête, fut ridicule face à la réalité. En tout et pour tout, hormis le fait que mon beau-papa fut tout à fait complaisant, j'eus droit de la part d'un lointain cousin par alliance, a une remarque aberrante: « Mais je pourrais être ton père ! ». Ou encore un oncle bienveillant me fit jurer de ne pas aller jusqu' à me raser la tête ! Cela me fit un peu rire, mais me désola beaucoup en voyant combien notre belle Torah pouvait être, pour certains, un amalgame démesuré de mythes folkloriques et de légendes utopiques. Aujourd'hui, face à mon assurance, il n'est plus question d'aucune remarque que ce soit et, comme me l'avait expliqué ma belle-sœur alors, mon apparence physique laissait désormais parler d'elle-même : le rapprochement n'était plus envisageable.

Killing me softly.

Enfant de la génération Hip-hop, les Cd avaient amplement atteint mon étagère à disques. Les clips s'enchainaient sous mes yeux le matin devant mon bol de lait au chocolat. C'est ainsi, qu'emplie de rêves imagés, que je gagnais mon lycée. La lambada, fut le premier clip musical encaissé par mon cerveau, puis très vite, Thriller allait imprégner mon souvenir. A l'âge de 4 ans, j'assiste au spectacle de la colonie de fin de vacances, consentante à entendre la monitrice m'annoncer : « Tu vas voir Paola, c'est génial, c'est Madonna. Tu connais Madonna ? ». Oui je connais Mc Donald, tout le monde connait Mc Donald !

135

Plus tard, George Michael et autres Spice girl, n'allaient pas me laisser de glace, et même si mon interprétation intérieure était innocente, petit à petit, les paroles déjantées s'imprégnaient en moi avec le rêve florissant, d'un jour, aller en boîte. Bien plus tard, Anna m'appelle, elle est euphorique. Ce soir c'est le concert de Madonna et il reste des places. Le prix est exorbitant, mais que faire, c'est la madone ! C'est spontanément que je lui promets de passer la chercher en lui demandant de m'avancer l'argent. Deux heures de route plus tard, on y est. La cacophonie se fait assourdissante. On entend en tout et pour tout un écho dissonant. On court toutes les deux, au clair de lune, sur une étendue de pelouse noire, hurlant à tue-tête : « Madonna nous voilà !! youhouuu ! » Retour à la petite enfance, lorsqu'Anna entraînée par les excès d'enjouement de sa grande sœur, partageait son extravagance. J'aimais ça, voir ma sœur ravie de mes pitreries.

Alors c'était ça ! Une fille aussi impudique que rachitique, devant des écrans aux graphismes intrigants, chantant sur une musique soûlante, des paroles d'une aberrante platitude ! Quelques personnes s'agitent. Beaucoup sont hypnotisées par l'agressivité du défilement d'images sur l'écran géant. Apres une heure de supplice auditif, nous quittons l'esplanade, vidées, nos cœurs alors, plus obscurs que le ciel en cette heure tardive. Décidément, ça ne fait pas du bien. Cette nuit, mes oreilles résonneront de longues heures, non pas à la suite du bourdonnement provenant des baffes illégales, mais bien de l'improbabilité de ce néant qui aura consumé plusieurs heures de ma précieuse existence.

La musique envahit directement l'âme, qu'on en donne l'accord ou pas. Ça pénètre toutes les couches instantanément. C'est la magie de la mélodie. En revanche, l'inconvénient est de taille, lorsque l'on s'expose à des paroles dont la vulgarité n'a pas son égal. Autant les découvertes et les avancées en terme de musicalité sont intéressantes, chaque style ayant sa place dans ce monde, autant les paroles qui accompagnent l'art de la mélodie sont néfastes pour l'être. Chanter cette popeuse qui raconte comment elle a trompé son homme, ce rappeur aux envie de meurtres, ou encore ce « clubeur » aux contenus de textes franchement conditionnés par un alcaloïde puissant.

La musique rassemble, désinhibe, séduit. Le coup de marketing le plus antérieur de tous les temps n'est autre qu'une musique rythmée claironnante dans les cabines d'essayage.
Se laisser persuader par le tempo, pour l'achat d'un vêtement, c'est une chose ! Accepter niaisement de se laisser convaincre par les multiples paroles abrutissantes, sous couleur d'une exposition passive, c'en est une autre!

137

Vous remarquerez que dans la musique populaire, il n y a pas de paroles neutres, sinon elle ne se vendrait pas. Si ça n'est pas fait par un Juif pour un Juif, ou sans paroles, les mots ont forcément quelque chose d'inadéquat au peuple que nous sommes, même dans les textes les plus candides. Si pour nous, cela est une réalité, envisageons-la pour les enfants, purs et naïfs : **leur contamination n'a pas d'égal** ! Killing me softly ! Elle tuait mon âme, lentement mais sûrement, la chansonnette aux pessimistes paroles.

Dans la musique aux paroles autorisées, il y a tous les style : Du « Gainsbourg » au R'n'b. Du hiphop au jazz. Du reggae au rock. De la house à la techno. Du classique au Klezmer, et j'en passe ! Faire accepter ce changement, requérait, de mon esprit, une manœuvre militaire stratégique élaborée, à la fois subtile, constante et dynamique, mais je peux authentiquement témoigner que ce changement radical, fut particulièrement assainissant, pour ma famille. Personnellement je suis passée d'une culture musicale, pour le moins débordante, aux émouvants chants hassidiques d'Avraham Fried. Une année durant, dans une Jérusalem reconstruite, j'ai écouté ces sons de l'âme, non sans verser de chaudes larmes purificatrices en assistant à un concert au pied du kotel, et aujourd'hui avoir résilié la musique goy de mon anse. Au grand dam de ma professeure de sport, m'observant faire la moue lorsque Michel Berger chante « et puis sa vie c'est presque rien ». Non, je n'absorberai plus le crétinisme de ces paroles répréhensibles. La vie de la fille de Roi que je suis, vaut beaucoup. Toutes les valeurs de la Torah sont bousculées par cette culture du couplet. Et tant de belles musiques attendent le retour des enfants de l'Eternel. La musique est divine, les paroles sont humaines, et de plus en plus de Juifs utilisent cet outil dans le but d'élever l'âme et de réjouir le cœur dans la pureté de la Torah. Quelques-uns d'entre eux étant : Mordechai Ben david, Yaacov shwekey, Aharon Razel, Yonathan Razel, Mishpahat wach, The naftali kalfa project, shmouel Nieman, frank hilik...et tellement d'autres. Bonne écoute !

Petite fille

Il est 19:00. Les rues de Pisgat Zeev sont enveloppées de l'obscurité que déploient ces nuits d'hiver, et pourtant le climat est encore docile. Une légère brise entraine les feuilles jaunies des arbres dans une danse circulaire et rythmée. Un temps parfait pour un maitre et son chien, en quête d'un arbre hospitalier. Une large voiture aux nuances perlées s'arrête au coin de la rue. Une jambe puis deux, apparaissent au déploiement de la porte. Elles sont découvertes. La fille s'extraie. On peut voir sa mini-jupe, en tissus léger, pour tout vêtement. L'habillement est celui d'une adulte, et pourtant, de son pas mal assuré, émane une pudeur et une innocence, propres à celles de l'enfant, et pour cause, la femme n'atteint pas les 13 années. Derrière elle, suit une autre, vêtue d'un collant luisant et d'une mini-jupe en jean, sac à main et vernis à ongle. Sa jupe laisse apparaitre deux genoux encore grassouillets de l'enfance. La fille a, à peine atteint le sol, que l'homme à l'avant démarre dans un grand vrombissement et s'enfuit dans le noir. Mes filles, où allez-vous comme cela ? Qui fera attention à vous ? Savez-vous de combien de fous, les rues regorgent? Elles s'apprêtent à déambuler dans la rue.

A quoi pensait maman lorsqu'elle a offert à sa fille, pour seul mentor, une Barbie dépravée, dont les formes corporelles et la tenue vestimentaire invitent à la concupiscence. Encore innocente, elle passera tant d'heures dans sa chambre à observer, jouer, s'inspirer, rêver de ce personnage que maman a introduit au sein de son palais d'innocence. Lorsque maman questionne son enfant, alors si jeune : « As-tu un amoureux ? », elle détruit sa flore expérimentale. Il y a des enfants qui, grâce à leur environnement ou leur grande innocence, n'envisageront pas de romance avant un certain âge. Les mettre devant le fait, les pousser à réfléchir à cela, n'est pas chose intelligente. De quelles ambitions, maman, rêve pour elle ? Qu'elle puisse être la plus belle, la plus attirante de toutes les petites filles ? Pourtant, maman connait les intentions des hommes et lorsque sa fille sort de sa maison ainsi vêtue, c'est dans la cage aux lions qu'elle s'introduit. Ils ont réussi à utiliser des symboles de la luxure pour nous les vendre en magasin, sous le couvert de la mode pour enfant. Quand, il y a 50 ans, le scénariste Roger Vadim, cinématographiera Brigitte Bardot en bikini, c'est le scandale ! Les limites de la pudeur ont été dépassées. Les gens alors encore non-habitués à ce type de dépravation vont robustement se révolter et annoncer leur indignation...malheureusement, l'habitude va prendre le pas sur cette indignation et ce fameux bikini, va peu à peu trouver sa légitimité d'abord sur le podium, pour arriver

141

après plusieurs années et un long travail de la part de dévoués publicistes, dans l'armoire de la femme. Pour finalement gagner les étalages de vêtements pour enfants. Il y a quelques années, la mini-jupe était encore taboue, et son utilisation ne concernait uniquement que les femmes dont le métier les inciter à en porter. Cela n'est peut-être pas un hasard, si le quartier de la mode : le Sentier, non pas celui de la rectitude, est alors aussi le quartier des femmes de mauvaises mœurs. Il est aujourd'hui connu que dans le monde de l'impureté il n'y a pas de limites.

Ce n'est pas parce que le produit est destiné à l'enfant qu'il est aussi pur que lui qui est une source pure, propre, naïve et innocente. Le produit qui lui est destiné a pour source, au mieux, un artiste corrompu, au pire, un empire de fric. Les deux ne vont pas ensemble. Le consommateur commet une grande erreur en pensant : « Si ce produit m'est destiné, il est bon pour moi. Si ce produit est destiné à mon enfant, il est bon pour lui ! » C'est faux ! Le produit n'est bon que pour les poches du fabricant. Et grâce à cette fausse croyance, la société de consommation fonctionne à merveille ! J'admets, sans nostalgie aucune vis-à-vis de l'écrivain, avoir appris cela de Beigbeder ! Les âmes de nos enfants ne nous appartiennent pas, et quel que soit le niveau de notre ambition pour eux, celle de D... n'a pas d'égal ! Suivons Son chemin, laissons-Le nous guider. La rue ne tardera pas à leur montrer le pire.

Faisons de notre maison, la leur, un ilot de pureté pour eux. Soyons leur exemple de droiture, et éradiquons, de fond en comble, toute la puanteur que ce monde veut nous faire introduire au sein du saint des saints. Il n'est jamais trop tard, tant que la lumière brille, on peut réparer. « Kol ha zman Shé ha nér dolek, êfshar lêtaken ».

The wedding

Dimanche, jour du cinéma. Je patiente fiévreusement, dans la file, que la caissière m'interroge sur le choix du film. Depuis qu'ils ont parlé de l'avant-première aux infos, j'attends impatiemment cet instant : les meilleurs acteurs américains, le meilleur metteur en scène, la meilleure comédie romantique du mois ! Les meilleurs acteurs américains, le meilleur metteur en scène, la meilleure comédie romantique du mois ! C'est triomphalement que je lui annonce : THE WEDDING! Je récupère mon coupon, tout en dirigeant mes yeux vers le comptoir des popcorns. Apres avoir choisi un encas et une boisson pétillante, je marche les yeux scintillants, pour atteindre la grosse porte de la salle obscure. Mince ! Les pubs ont déjà débutées. Ah! Voilà le petit bonhomme qui tape avec un marteau dans une cible, le numéro s'affiche, le lion rugit, le film commence. Il est beau, elle est très belle. Ils sont riches, ont un métier glorieux et, à la suite d'une longue romance, ils décident qu'ils sont faits l'un pour l'autre. La demande en mariage laisse prévoir la monumentale cérémonie à venir. Ainsi va débuter la course féerique a la préparation du mariage, d'où le titre du film. Jennifer organise des journées d'essayages dans les grandes boutiques de luxe, avec sa meilleure amie, John lui est très occupé à choisir son costume, à l'instar de Jennifer : avec sa meilleure amie. Ils sont d'accord pour le lâcher de colombes après le sermon du curé. Ils n'ont pas les même gouts musicaux, et sont déjà prêt à faire leur première concession post-maritale...ils prendront deux orchestres. La cérémonie se déroulera sur la plage des Hampton, puis se poursuivra dans la salle architecturale la plus cotée du moment, semée de lys et autres orchidées rares. Le casse-tête du placement des invités est un réel délice, pour ses futurs mariés, pleins de bonnes volontés, prêts à s'investir. C'est décidé, la pièce montée de 5 étages, sera ornementée par le grand master chef de la dernière saison, de petits oisillons et de

144

chérubins en pâte à sucre. Ce photographe Arty, qui a l'art de prolonger la séance photo le lendemain du mariage pour photographier le nouveau couple dans une destruction artistique de la robe de mariée : « trash the dress », car l'art n'a pas de limite. Pour remercier les invités de leur présence et, accessoirement, leur en mettre plein la vue, ils se verront dotés chacun, d'une gourmette en or agrémentée de diamants formant les initiales des mariés. Car oui ils s'aiment... par là je manifeste que Jennifer a atteint un niveau maximal dans son amour-propre, quand à John, il est fou de lui-même. Arrive enfin le jour tant escompté. Non ! Pas celui du mariage, mais bien la veille du mariage : celui de la répétition. Car le faux pas est inenvisageable, pour ses futurs légitimes, prudents. Et c'est très étonnement que la meilleure amie, de John, quelque peu jalouse des festivités, ne manquera pas de mettre son grain de sel. C'est la même qui lèvera la main lorsque le curé questionnera la fatidique question : « personne n'a rien à dire contre ce mariage ? » ou quelque chose du genre. Apres s'être embrassées aux yeux de tous, on retrouve nos joyeux compères entrainés dans une danse pêle-mêle, effrénées. Ils vécurent. Eurent un ou deux enfants. THE END... Puis ils divorcèrent.

-« Alors Sarah, vous avez prévu de vous marier ? »

-« Dans deux ans j'espère ! »

-« Pourquoi ? »

145

-« On n'a pas fini nos études, et nos parents ne comptent pas nous aider. En plus organiser un mariage ça prend du temps. Tu nous connais, nous on aime les belles choses. »

-« Comment tu envisages l'avenir avec ce garçon ? »

-« Ah ! Y'a pas de doute, c'est le bon ! Mais j'attends la demande ! »

-« La demande ?! »

-« Ben la demande en mariage ! Ce n'est pas moi qui vais la lui faire ! Et si il n'est pas intéressé à se marier ?! Je ne vais pas le bassiner avec ça ! Je préfère donner le temps aux choses. »

-« Et pour ton corps, il t a fait une demande ? »

-« Quoi ?! »

-« Vous habitez ensemble n'est-ce pas ? »

-« Oui. »

-« Vous ne faites pas chambre à part j'imagine ! »

-« Non ! Mais ... »

-« Alors ton corps n'a-t-il aucune valeur que tu sois prête à le brader sans contrat. »

-« De quel contrat tu parles ? »

-« Le jour du mariage, l'homme s'engage à signer un contrat qui stipule qu'il doit aimer sa femme et pourvoir à ses besoins. Aussi ce jour-là, il prononce une bénédiction, comme celle qu'on prononce pour n'importe quel aliment avant de le mettre en bouche. Tu penses valoir moins qu'une banane ? »

-« Si je lui annonce que je ne veux plus qu'il me touche jusqu'au mariage, il va devenir fou ! »

-« Fou d'amour ou fou de rage ? »

-« Fou de rage ! Il va vouloir casser ! »

- « Si il casse tu pourras remercier le bon D... »

-« Qu'est-ce que tu racontes ? »

-« Un garçon qui n'est intéressé que par ton physique, c'est un garçon qui n'aime que lui-même, et tout ce qui l'intéresse c'est de prendre, et d'assouvir ses désirs. »

-« Non ! C'est pas qu'il n'aime que mon corps, on parle beaucoup, il me respecte et m'offre des cadeaux. C'est juste que je sais qu'il ne pourra pas se satisfaire d'une relation uniquement d'esprit. »

-« Qu'il désire se rapprocher de toi physiquement est une très bonne nouvelle en soi ! Cela prouve sa santé mentale. Mais il n'y a aucune forme de respect chez un individu qui

147

souhaite juste se servir à l'étalage sans jamais passer à la caisse. Il est en train de savourer une bonne glace...mais sera-t-il prêt à garder le bâton en souvenir ? »

-« C'est pas clair ce que tu dis. »

-« Un homme qui aime c'est un homme qui s'engage. Un homme qui respecte, c'est un homme qui s'engage. »

-« Il s'est engagé ! »

-« Ah oui ? »

-« Oui. Il m'a dit que j'étais la femme de sa vie, que ce qu'il ressent il ne l'a jamais ressenti. D'ailleurs il n'a pas connu physiquement d'autres femmes avant moi. »

-« C'est ça que tu appelles un engagement ? Heureusement que la Torah est là pour nous apprendre ce qu'est réellement un engagement, sinon on pourrait rapidement partir à la dérive ! »

-« Ecoute, le mariage est juste inenvisageable pour le moment. On n'a pas les sous ! »

-« Les sous pour quoi ? Pour le lâché de colombes ? Pour le repas à 100 dollar par personne ? Pour le chanteur de Stevie Wonder sur You tube ? Tu te souviens de la Brit Milah de notre fils ? »

-« Oui, c'était beau ! »

-« On a mis 7 jours pour l'organiser. Combien d'années te faut-il pour passer de l'illusion au réel et admettre que le mariage n'est pas juste une cérémonie faite pour en mettre plein la vue ? Mais un statut immuable et inconditionnel à l'intimité du couple. L'argent ne compense pas l'essentiel : la Sainteté et la Présence divine. »

-« Il n'acceptera jamais ! »

-« Tu te sous-estimes ma chérie ! Si il t'aime comme il le dit, peut-être sera-t-il très surpris, ou même vexé au départ, très certainement, tentera-t-il de te convaincre de changer d'avis, mais si tu es sure de toi et de ce que tu vaux, tu finiras par lui faire accepter les choses. S'il accepte, son amour pour toi en sera décuplé. Courage, ça vaut le coup ! »

-« J'ai le lourd sentiment qu'ayant permis à mon ami de me toucher depuis le début, je ne peux plus changer d'avis en lui expliquant que finalement j'ai compris l'importance de ne plus avoir de contacts physiques. »

-« Ne pleure pas ma Sarah, je te rassure cette idée ne vient pas de toi ! »

-« Ah bon !? »

-Non ! Elle vient de la part d'orgueil qui est en toi, et en chacun de nous. Il nous fait croire que l'on sera ridicule

149

de changer d'avis sur quelque chose d'aussi essentiel. Seulement le fait de Changer d'avis sur le plat commandé au restaurant ou le film du Dimanche parait légitime ! Tu sais ce que dit le proverbe ? »

-« Lequel ? »

-« Y'a que les idiots qui changent pas d'avis ! »

-« Et si je craque et que je le laisse me retoucher, j'aurai échoué ! »

-« Une femme a une force en elle qu'elle ne soupçonne pas. Et les contacts physiques, tu as aussi le pouvoir d'y mettre un frein, en voyant à long terme. Le fait que tu sois si tentée de lui donner ce rapport, ça n'est pas parce que tu es physiquement attirée, mais uniquement grâce à ta propriété de miséricorde, propre à la femme. Ce même trait de caractère qui te pousse à vouloir faire du bien à l'autre et lui donner ce qu'il souhaite. Mais ce qu'il souhaite en ce moment n'est pas bon pour lui. Et si toi aussi tu l'aimes autant que tu le prétends, alors tu dois vouloir réellement son bien. Il ne te viendra pas à l'idée de nourrir ton enfant de bonbons matin midi et soir ? Tu sais ce qui est bon pour l'autre. »

-« Paola ? »

-« Oui ? »

-« J'ai peur. Et si il me méprise, me déteste ou pire, m'abandonne !? »

-« Et si c'est vraiment ce qui advient dis-toi cela : il n y a aucune fierté à retenir un garçon en prostituant notre corps. Par contre le retenir grâce à un idéal, une intelligence, un bon caractère... tout le mérite nous appartient. »

-« A quel point est ce grave d'avoir des rapports avant le mariage ?! »

-« Tu accordes avec moi, que tu n'as pas été seulement pourvue d'un corps ? »

-« Non ! J'ai aussi une personnalité ! »

-« Oui... »

-« Et...un esprit »

-« On se rapproche ! Appelles le comme tu veux. C'est d'une âme dont tu as été pourvue »

-« Une âme ?! C'est super flou. »

-« Ça ne change pas le fait que tu as une âme. Et les dégâts à son niveau sont lourds. Lorsqu'un Juif a un rapport hors mariage la punition de cela est le : « caret » qui veut dire retranchement du peuple juif. Au contraire, celui qui se retient jusqu'au mariage, malgré la tentation, se voit honorer d'une « keter », couronne royale. Ils sont les princes et les princesses du Créateur. Le moment d'un rapport entre époux est ce qu'il y a de plus élevé en matière de Sainteté, de Pureté et de Présence divine.

-« Ça veut dire quoi ?! Que je ne suis plus juive quand j'ai un contact physique avec mon copain ? »

-« Non, la Judaïcité est immuable. En revanche, c'est comme si que ton âme était éloignée de toute la protection divine, dont bénéficie le peuple juif à chaque instant. »

-« Ça reste flou, je suis désolée !»

-« En bref une fille juive, c'est un diamant. Tu sais ce que l'on dit des diamants ? »

-« Que c'est pur ? »

-« Exactement, et aussi qu'ils restent précieusement dans leurs écrins, contrairement aux tomates... »

-« Qu'est-ce qu'elles ont les tomates ?! »

-« Au supermarché, tout le monde les touchent, pour juger de leur maturité... »

-« Tu sais moi je n'ai pas reçu cette éducation juive ! Autant cela crie de vérité, autant c'est dur à accepter.»

-« Très bien, mais que tu ne l'acceptes pas ne veut pas dire que ça n'a pas d'impact sur toi. Et tout ce que vous avez l'illusion de créer hors mariage, repose sur des sables mouvants »

-« Ah! »

-« Sans parler du pan psychologique. »

-« C'est-à-dire ? »

-« Disons que tu as réussi à te convaincre que c'est le bon, et tu es persuadée que vous finirez par vous marier, tu fais fausse route. Car finalement vos contacts physiques, du simple donné de main, jusqu'au rapport, ne feront que t'aveugler dans ton choix. La focalisation sur le physique sera telle, que cela t'empêchera de porter ton attention sur les données fondamentales, vitales pour une vie de couple comme le bon cœur, la patience, la tolérance, la crainte du ciel. Ce genre de contact a une force psychologique particulière : il sait créer l'illusion de la familiarité et de la proximité, l'intimité sans aucun lien réel des sentiments. Le physique empêche de voir la vérité comme le mur de Berlin pour les communistes. »

Qu'Israël se réjouisse en découvrant ce que nos Rabbins, de mémoire bénie, nous ont dévoilé au sujet du jour du mariage : Celui qui se marie, ses péchés lui sont pardonnés. C'est un moment de grande faveur pendant

153

lequel il faut donner la priorité au repentir et à la prière. Qu'elle est belle cette coutume pratiquée en certains endroits selon laquelle le jeune marié jeûne le jour du mariage et se rend au bain rituel afin de se repentir, de se sanctifier et de se purifier.* (le livre des segoulot)

Le jour du mariage au sein du peuple Juif, est unique en son genre. Quand au niveau de sa sainteté, cela dépasse l'entendement. Néanmoins, notre forte exposition aux peuples du monde, et à leurs attitudes, a, inéluctablement, porté atteinte au déroulement de l'Evènement sacré.

La veille du mariage est un jour de méditation pour réaliser la grandeur de ce moment. Nous sommes aux antipodes de l'enterrement de vie de garçon, puisque le mariage est considéré par la Torah comme la naissance d'un être entier, autre fois semi. Dans les cérémonies contrefaites, les participants useront de tous les artifices pour être vus. Les futurs conjoints, les parents, les invités... Personne n'échappe à la règle. Cela vacille entre le défilé de mode et le festival de cannes. L'entrée des jeunes mariés, accompagnés de leur famille, vers le dais nuptial, leur semble être leur unique occasion de réaliser leur rêve de star adulée. Le futur époux aborde le tapis rouge, salué par les copines impudiques, au premier rang. La mariée, non moins indécemment vêtue, se pavane glorieusement, s'exhibant, aux yeux de toute l'assistance, sous les applaudissements de la foule. La dissipation qu'occupe l'esprit du couple, pendant le déroulement de l'office par le rabbin, est bien connue.

Les futurs époux sont tout à fait distraits. Ils pensent à l'organisation, Est-ce-que tout se passe selon leur volonté, ou encore, observent autour d'eux les invités.

La 'Houpa est un moment très solennel, et requiert une grande concentration de la part des intéressés. Il faut penser à la grandeur de l'action qui a lieu. D... nous lie l'un à l'autre. Eliaouh Hanavi ainsi que tous les ancêtres défunts sont présents en cet instant sacré. La Rabanit Mendelovits raconte avec émotion les pensées qui furent siennes lors du déroulement de l'office de son mariage, 30 ans plus tôt. Elles allaient vers les 6 millions de Juifs exécutés pendant la Shoah, et il était clair pour elle que ce mariage et tous les enfants qui en découleraient, serait sa plus belle revanche. On peut aussi penser à la fabuleuse explication racontant qu'après 40 jours passés dans le ventre de la maman, D... décide déjà avec qui se mariera ce fœtus, et voilà que plusieurs années plus tard, l'heure tant attendue, a lieu.

L'instant crucial de la cérémonie est appelé : Kippour katan, à l'instar du « jour du grand pardon », ou l'on se fait acquitter par D..., de toutes nos fautes. Comment est-il concevable après un tel instant, d'imaginer pouvoir organiser une soirée à la fétide ambiance de boite, mêlant les nouveaux mariés dans des danses mixtes ? Cette déloyale infidélité envers D..., après une telle proximité, est, à l'image des Hébreux, qui érigèrent une idole, aussitôt après un évènement aussi puissant que celui du

155

Don de la Torah au mont Sinaï. Le peuple fut alors décrit par D... comme « une mariée qui se prostituerait le jour de sa 'Houpa ». Si les mariés ne peuvent se retenir de passer outre l'interdiction de danser avec et devant un public mixte, pourquoi le faire, à l'occasion du mariage ?! Ce jour unique, espérons-le, n'a lieu qu'une seule fois dans la vie d'une personne. Il se doit d'être réalisé dans les vraies valeurs. Alors pourquoi ce besoin d'en faire une grotesque mascarade, un carnaval de Rio ?! La réponse à cet étrange phénomène est : plus un lieu est empreint de Sainteté, plus il est sujet à l'impureté. Si on agit sans connaissance, on a toutes les chances de ne pas le faire, selon les exigences. Et tout comme il existe une récompense lorsque l'on sème le bien, il ne faut pas omettre le négatif qui découle du mal, le prix à payer pouvant être lourd. Dans les mariages juifs où l'appréhension de l'instant est à son comble, les fiancés s'appliqueront à étudier les lois du mariage et la philosophie de la maison Juive ou, sur quelle bases solides doit se dérouler leur vie. Voilà un investissement important, plus enrichissant que des semaines passées à anticiper l'emplacement des invités ! Préalablement à l'office, il est de coutume, pour les futurs conjoints, de réciter une bénédiction pour remercier le Créateur, de les avoir gratifiés de cet instant éminent, invoquant la réussite dans la vie conjugale. Car oui il y a une suite après la noce ! A en voir certains mariages, on pourrait supposer que l'évènement est une fin en soi, se devant d'être le plus déjanté possible, comme s'il n'y avait pas de lendemain ! Une fois le cérémonial achevé, les deux jeunes épousés, conscients de leur nouveau statut, se retrouvent, pour la première fois, isolés dans une pièce fermée, n'y étant pas autorisés, avant le mariage. Par la suite, la mariée rejoint ses tantes, cousines, amies et sœurs pour festoyer avec elles d'un côté de la salle, laissant le marié rejoindre les hommes, il rejoint les hommes de l'autre côté, séparés par un muret portatif car les limites sont claires : ils sont exclusifs, l'un à l'autre, le dévoilant, par leur attitude à ne pas se mélanger. Aussi ils attestent, en ne dansant pas ensemble aux yeux de tous, que leur intimité n'appartient qu'à eux, contrairement à ses mariages où les mariés s'embrassent aux yeux de tous, arborant des poses impudiques dès qu'ils en ont l'occasion. Non ! L'intimité du couple doit avoir lieu, uniquement, une fois la porte de leur maison fermée. Cela n'appartient qu'à eux.

Savez-vous réellement le désagrément que cause un couple qui s'embrasse aux yeux de tous ? Les femmes sont mal à l'aise, les hommes se retrouvent sensibilisés corporellement, sans l'avoir demandé. La situation est foncièrement gênante, et mal venue! C'est un geste profondément intime qui n'a sa place que dans la chambre conjugale.

De toute évidence, plus les fiancés se seront préservés avant le mariage, plus la conscience, la connaissance et la préparation intérieure de cet instant particulier seront intense, plus la joie réelle de l'instant sera palpable. Un peu comme un homme qui ouvre la porte de sa maison et se retrouve face à une inconnue qui lui annonce « bonjour je suis ta frangine ! ». De cette surprise inattendue pourrait découler un malaise profond, et ce jour serait pour lui, propre à la débauche, comme d'aller oublier ce mauvais souvenir au bistrot du coin. Mais, si un homme, est séparé de son proche parent et passe toute son existence à rechercher, espérer, prier, implorer, se préparer à retrouver ce cher être disparu, pour pouvoir, enfin, lui donner tout son amour inconditionnel. Le jour de ses retrouvailles avec sa sœur, sera un bonheur intense !

La pêche.

Il gigotait dans tous les sens, le vers, ne sachant pas ce qui adviendrait de lui. C'est brutalement, qu'il fut arraché à son écrin d'aluminium pour être épinglé par Jojo, à l'hameçon.

158

Comme ça ! Sans prévenir. Puis il lança le fil de toutes ses forces. Et hop! À la mer. L'asticot disparait avec son bout de plomb. Et pour unique preuve de son existence, un bouchon de liège flottant à la surface. Quelques minutes plus tard, ce dernier sera fortement secoué. Jojo s'éjecte de sa chaise portative. « Oh dis ! Je te tiens ! » Il rembobine énergiquement le moulinet. Une résistance se fait savoir, puis le fil saute pour revenir rapidement vers le pécheur. Un hameçon vide, pour seul vestige du lombric, apparait à la grande surprise des badauds. Ils y croyaient dur. Les exclamations de déceptions ne tardèrent pas. Jojo se sent bredouille. Il n'a pas l'habitude de ce type d'escroquerie ! Qui ose lui faire cet affront ?! Déjà jeune je voulais lui répondre : « C'est une chance sur deux tonton ! » Mais son expression faciale hostile et sa voix rauque suffisait à me faire perdre consistance !

Le Rav Shlomo Aviner demandait à son élève « Et toi, qu'est-ce que tu aimes ? » « Moi j'aime le poisson » « Non tu n'aimes pas le poisson! Si tu aimais réellement le poisson, tu ne le mangerais pas. Tu aimes le goût qu'a le poisson lorsqu'il rentre en contact avec ton palais... en réalité tu aimes ton bien-être, tu t'aimes toi. » Tomber amoureuse, c'est s'aimer soi-même, et avec, aimer l'imagination ou l'espoir d'être aimée telle que l'on est. Aimer l'autre, c'est vouloir son bien.

-« Que s'est-til passé, pourquoi avez-vous divorce ? »

159

-« Je cherchais l'amour avec un grand A. »

-« Mais l'amour avec un grand A ça se construit, c'est pas du fast-food à emporter. Dans le mariage on n'est pas au restaurant du cœur. Tout a un prix... »

Les séries, les romans, les comédies amoureuses, avaient suffi à ramollir le cerveau de cette fille, qui croyait qu'en mettant un pied sous le dais nuptial, elle recevrait sur un plateau d'or l'amour, l'admiration, la reconnaissance, le romantisme...quelle déception fut la sienne, quand elle réalisa que Nathan n'était pas Ken, ni le Richard Gere des temps modernes. Etait-ce entièrement de sa faute ? Etait-ce la faute à la société ? Au manque d'information ? Au trop plein d'illusions ? C'était un tout. Le libre-arbitre existe et si l'on veut changer sa vie, il faut en être entièrement responsable. Subir, telle une victime face au bourreau, les épreuves et les défaites, est un chemin perdu d'avance. Nathan n'allait même pas passer par la fenêtre pour lui offrir un bouquet de fleur ni lui chanter une sérénade, agenouillé. Il n'allait même pas la complimenter sur le repas, se plaignant du manque de sel, ni l'aider avec les enfants, quand elle se sentait dépassée. Leur communication quasiment nulle, leur fit défaut. Ils ne savaient pas ce qu'elle voulait quand elle ne savait pas exprimer les monts qu'elle avait dans la tête. Alors c'est tout ? C'est de ce monstre qu'elle avait hérité ? Et lui, était-ce la haine qu'il avait méritée ? Illusions, désillusions,

160

télévision*...oui la télévision fut le seul pansement à leur désillusion. Aimer c'est retrousser ses manches. C'est s'**ECRASER**. Aimer c'est se taire et écouter. Aimer c'est faire l'effort. Aimer, ce n'est pas seulement pour ses qualités, mais aussi pour ses défauts. Aimer c'est laisser l'autre être ce qu'il est. C'est avoir confiance en lui. C'est ne pas le méjuger. Compatir avec lui. Ne pas chercher à gagner. C'est être fidèle, aussi dans la tête. L'amour n'est pas coté en bourse, et pourtant, il est un investissement florissant. Le Rav Benichai dit : « 10 ans semer, puis récolter ».

La plage mixte.

Afin de composer ce livre, je me suis accommodée d'innombrables pense-bêtes. Un dans mon véhicule, un autre sur ma table de chevet qui a pour rôle d'écritoire, un supplémentaire sur le réfrigérateur familial...Et sur tous ces petits billets volants, j'y ai calligraphié sommairement : « Oubli pa LE sujet le + grav : Les plaj mixt ».

Il n'y a rien à écrire, c'est quand même assez évident non ? Devrais-je vous décrire le défilé des côtes de veau, le retourné des steaks-hachés, l'échange de regard des escalopes, la carbonade des foies de volaille, le culturisme des bovins, la baignade des poulets rôtit, la jubilation de la daube provençale ? C'est par pudeur, que j'emploie de semblables allonymes, car ne serait-ce qu'évoquer la confusion régnant dans un tel lieu serait une faute ! Et en bons animaux qu'ils sont, ils demeurent comme avant l'abattoir...Pas lucides pour un sou. La vache folle, plantée au sol, comme enracinée, en plein midi tapant, observe au travers de ses Chloe, les coquelets caquetant sous une épaisse couche de Monoï. Le niveau contagieux de la salmonellose, ne révulse pas une poule euphorique et ses petits. Non ! Décidément, tout est normal. Avez-vous déjà vu un cochon embarrassé par l'épiderme dénudé ? Certainement pas ! C'est à se demander s'il n'est pas carnivore, au vu de ses babines alléchées. La visite d'un zoo en période de printemps, serait plus convenable. Le laisser-aller général outrepasse amplement les limites, et on voudrait nous faire accepter cette convention qu'est la plage mixte en été ! Les Goyim n'ont pas reçu, dans les 7 lois Noahide, l'engagement à la pudeur, hormis l'interdit de convoiter la femme d'autrui. Dans leurs pays, la présence d'un tel lieu est encore probable, bien que méprisable. En revanche, nous, le Peuple élu, qui avons reçu une très grande responsabilité, à savoir, la pudeur des

162

yeux et du cœur, nous avons la mitsvah de dire le Shema 3 fois par jour, dans lequel il est littéralement mentionné l'interdit d'égarer ses yeux et son cœur, au risque de les prostituer, pourquoi nous exposer dans un lieu aussi malséant que celui-ci ? Sommes-nous devenus fous ? Avons-nous perdu la tête pendant Six mois de l'année !? Six mois desquels il est dit : ils sont l'estimation de la pudeur de la femme pieuse. Qu'un homme déchu, s'égare dans un tel lieu, soit ! Qu'une femme accorde à son mari un tel égarement, au point de l'y accompagner, la limite de l'entendement a considérablement été empiétée !

L'empreinte négative qu'a laissée la diaspora sur le peuple juif serait comme l'histoire d'une princesse, renvoyée du royaume, qui, au fil du temps, se serait laissé convaincre par la population, qu'elle n'est qu'une mendiante, fille de prolétaire. Petit à petit, oubliant ses racines royales, elle se mettrait à adopter les attitudes engendrées par une telle dégradation. Aujourd'hui nous sommes sortis de galoute, mais la galoute, est-elle sortie de nous ? Les habitudes de qui adoptons-nous ? Celles d'un peuple unique, élevé au-dessus de toutes les nations, pour son rôle, et forcément pour la responsabilité qui lui sied ? Ce qui exaspère tant les peuples des nations, n'est pas d'avoir l'outrecuidance de nous « autoproclamer » Peuple Elu, mais plutot de ne pas n'accepter la responsabilité que cela engendre : se comporter en tant que tel. Des princes et des princesses ne peuvent déambuler tels des miséreux, se moquant du protocole et de la convenance royale. Cela leur est aussi haïssable qu'un troupeau à qui l'on annonçait que le berger avait décliné le métier ! **Alors, vous, que faites-vous, cet été ?**

Entrée interdite.

Il y a dans le monde Goy, une grande mode du non-tabou. Parler de tout, assumer ouvertement, au travers de la littérature, des séries malsaines, d'émissions extrêmement impudiques faisant témoigner des conjoints, de leurs expériences dans la confidence. La sexualité est un divertissement comme un autre.

L'intimité du couple, ne nous appartient pas seulement à nous, à notre conjoint aussi, mais nous n'hésitons pas à nous mettre à nu devant une tierce personne, comme ça, pour rigoler, partager nos secrets, raconter nos expériences.

Outre le fait de mettre son conjoint dans une situation impudique, sans son consentement, on apporte la personne à

164

qui l'on se livre, à l'intérieur de notre chambre à coucher, dans notre lit conjugal. D'autre part, la personne que l'on implique, selon son niveau de sensibilité, finira par sentir la mauvaise sensation d'avoir été entrainée dans une affaire qui ne la concerne pas. Parler de son intimité librement, prouve d'un très grand manque de sensibilité et d'une lourde exposition à une culture différente de celle du peuple pudique que nous sommes. Une fois de plus, la mentalité étrangère, a engendré une chute dans notre vie Juive.

Chercher à tirer les informations de la bouche d'une amie concernant sa vie privée, ou encore l'encourager à raconter, par des marques de curiosités ou un grand sourire, cela est considéré comme un vol. On lui brigande son intimité, et il n'y a aucune contestation quant au fait de se sentir coupable. Il n'y a vraiment aucune sorte d'intérêt de se mêler de ce qui ne nous concerne aucunement. C'est indécent vis-à-vis de soi-même, de la personne en face, et du conjoint absent. Si de telles préoccupations ont souvent lieu dans notre vie, il faut vite prendre conscience de la terrible gravité qu'est un tel acte, et se jurer de ne plus fréquenter des personnes qui nous poussent à livrer ce type d'informations jusqu'à ce que nous soyons suffisamment convaincues du sérieux du dommage.

L'exception ou l'expression est obligatoire dans un but de construction face à une personne professionnelle, on se doit de consulter, si la vie intime du couple rencontre des difficultés. Cela est même une Mitsvah, lorsque faire attendre un problème de ce type est interdit.

Les films

Fac d'architecture, lors d'une conférence assommante sur la philosophie du métier, mon téléphone sonne. C'est maman. Je m'extrais discrètement de la pièce, lorsqu'envers son habitude, elle m'avertit d'un déplorable écho. Il a été découvert que les enfants de nos anciens voisins de France ont été sexuellement abusés. Les agresseurs sont en prison. Quelle scandaleuse nouvelle!

Cet évènement aura plus d'impact sur ma vie que je n'aurai osé l'admettre. Elle raccroche et pourtant je n'arrive plus à décoller de l'endroit où je me trouve, mes pieds sont comme cloués au sol qui semble un instant tournoyer. De chaudes larmes se mettent à affluer sur mon visage encore sidéré de l'annonce qu'il vient d'écoper. Je suis vraiment trop émotive, pensais-je ! Dans une tentative échouée, de reprendre place au sein de ma classe, je décide de rentrer chez moi. Cette nuit, je ne dormirai pas bien. Au matin, mon réveil fut joint de larmes accompagnées de lourds sanglots ininterrompus. Cela durera plus de 4 jours. Maman est inquiète et me conseille fortement de contacter la thérapeute Hanna Karsenty, qui sur une technique bien connue nommée « moah' ehad », nous a aidées de nombreuses fois. Le rendez-vous est pris. J'arrive, je tente de lui expliquer mon désarroi, mais mes pleurs ont vite fait de me regagner. Dans un sanglot entrecoupé, je finis par lui expliquer grossièrement le problème : est-ce que cette sensibilité ne cachait pas une inquiétude d'avoir moi-même été victime dans mon enfance sans pouvoir m'en souvenir. Elle agit comme à son habitude, fait plusieurs gestes sur ma tête, mes bras, mes épaules. Chuchote à mes oreilles des phrases inaudibles. Après un long moment elle m'annonce la nouvelle :

-« Il ne t'est rien arrivé ! »

-« mais alors pourquoi suis-je si sensible sur ce sujet ?! »

-« Rien... Ou plutôt si ! »

-« ah ! Je l'savais, tu peux tout m'dire je suis prête à l'entendre pourvu que j'en finisse avec ces pleurs ! »

-« tu as été victime de l'écran »

-« De Lécran ?! C'est qui celui-là ? »

-« La télé, le cinéma, les films quoi ! »

-« c'est tout ?! »

-« Tu as ingéré une bonne quantité d'images malsaines ! »

-« Ah bon !? »

-« N'aies pas cet air inquiet, je vais te nettoyer tout ça, et par la suite tu devras te protéger »

167

-« Merci Hanna. »

-« Fais attention à toi, et sois gentille avec ta maman ! La vie est difficile pour elle. »

Je suis sortie et c'est vrai, les pleurs ont cessés. La nuit j'ai dormi et le matin plus rien non plus ! Quel soulagement. Je n'y ai pas plus réfléchi, j'étais juste contente que cela s'arrête.

C'était vrai, la télé étant mon incessante voisine, elle m'a offert ce qu'elle avait. Les infos tragiques, les feuilletons stupides, les émissions légères, les pubs tentatrices, les thrillers sordides, les films fantastiques, les docu-fictions, les « films pour enfants », les polars sinistres, les comédies romantiques, où tout est permis au nom de l'amour. Les films de drames nauséabonds où comment ce curé a trop chaleureusement accueilli ces jeunes et innocents orphelins, visionnés tout aussi innocemment à l'âge de 12 ans, et dont l'enchainement de scènes révoltantes n'a pas inquiété son réalisateur. Les films juridiques où dans le meilleur des cas, le détenu se fait tuer dans sa fuite, et dans le pire des cas, on le renvoie sous boite à sa famille. « Heureusement », la petite fille que j'étais avait su lire du haut de ses 8ans : histoire basée sur des faits réels ! Pire que tout, les clips musicaux aux danseuses dépravées : où comment pourrir une fillette à sa racine ? Et ces films immoraux, que j'ai si souvent vus, mineure, à l'époque. Le gérant du vidéoclub ne m'avait pas prévenue qu' « Orange mecanic » n'était pas un film pour les petites filles de mon âge. De même, on m'amena voir un Pedro Almodovar sur grand écran

168

un Dimanche, en espagnol, pour la culture générale ! Je n'en demandais pas tant. L'imaginaire incongru de ces réalisateurs vicieux, eut raison de la page blanche que j'étais. J'avais eu ma dose de fiction !

Je l'ai, aussi, vu l'écran, voler mes parents l'un à l'autre. Je l'ai vue leur paix conjugale s'atrophier, comme après une dose de morphine. Pendant un temps, je crus, que PPDA avait des pouvoirs d'hypnose. Pas même le récit de ma journée n'eut l'aptitude d'égaler son don épatant! Dès lors où je fus en âge d'aller seule au cinéma, je ne m'épargnai pas. Mes globes oculaires allaient en baver ! Et mon cœur naïf, subir de lourds dommages.

Plusieurs années sont passées, depuis cet évènement incongru, et, dans un incontestable recul, j'ai, aujourd'hui, clairement conscience, de la quantité néfaste de films et d'images que j'avais visionnées. Aujourd'hui, après avoir tenté de demander à D..., au travers de prières et autres suppliques, d'éloigner cet ennemi de ma maison, sans trop de résultats visibles, j'ai pour souvenir, les paroles de la Rabanit Lapidot zatsal. Elle expliquait que la requête d'une personne n'est pas accomplie, quand le monde entier a besoin, pour sa délivrance, des prières redoublées de cette même personne. A l'instar de Hanna qui pria de toutes ses forces pour avoir un enfant. Alors je pleure en faveur du peuple juif, pour voir cet écran, parasite à la construction du couple, importun à la pureté et la paix du foyer, véritable perturbateur pour nos enfants, quitter nos maisons à tous. Que ces programmes vides de sens et de vraies valeurs, ne s'interposent plus entre un père et son fils, ni un mari et sa femme.

Lorsque le fœtus a étudié la Torah, 9mois durant, dans le ventre de sa maman, peut-on imaginer qu'il en soit sorti pour être exposé à cet écran ? Le croire, serait un peu comme si l'on sous-estimait l'immensité de pureté que sont nos enfants pour les aligner au niveau de toute cette bassesse et contrevérité qu'est la télé. Un peu comme si l'on polluait l'atmosphère de cette âme, et beaucoup comme si l'on salissait son esprit. Outre cela, les jeunes et les moins jeunes, isolés, dans un endroit où ils ont accès à cet écran, seraient comme vendre un Yossef, pieds et poings liés, à la femme de Potiphar. Ni plus, ni moins !

Aussi combien de nos peurs inconscientes ont leur source dans ce que l'on a pu voir sur l'écran ? La peur du noir, d'être seule, peur du parking la nuit, peur des avions, peur d'être subitement attaquée, la peur des ombres, la peur des miséreux dans la rue, la peur d'être enfermée, la peur des insectes et autres bêtes, la peur d'être arnaquée, la peur d'être ridiculisée...la preuve en est qu'un bébé n'a peur d'aucune de ses choses puisque son imaginaire n'a pas été attaqué ni pollué par ces films.

Ils n'ont aucune pitié ses détenteurs. Pourvu que la cible soit atteinte.

La conscience honnête, j'ai mis un terme absolu à l'écran. Mes amies me trouvent extrémiste, m'assurant qu'il y a des listes de films « cachères », et des émissions tout à fait acceptables. « Rien de méchant » m'affirment-t-elles. Mais mon cœur meurtri n'a plus confiance en l'écran. Mes yeux ont fait une overdose. Et mes oreilles, perturbées par le simple bruissement d'un jingle, sont devenues intolérantes au mal. La compréhension de cette évidence : nous ne sommes pas des êtres stériles, et tout influe sur notre intérieur, m'avait suffi à refuser de m'exposer à cet élément néfaste, et commencer par arrêter d'affirmer l'illusion que cela n'aurait aucun pouvoir sur moi. En revanche je recherche réellement toute les sources positives, pour me conditionner positivement. Croire que l'on n'est pas influençable par certaines choses est la preuve d'un manque de sensibilité et d'honnêteté vis-à-vis de soi-même. Reconnaitre que tout a un impact et se servir de cette règle d'or pour se créer un cocon de belles influences, a un nom : faire preuve de maturité constructive. L'allégorie illustrant cette loi physique me vint alors à l'esprit: selon la Torah, en ingurgitant de la viande je ne peux être autre que « bassarit », il me faudra attendre plusieurs heures avant de pouvoir consommer du lait. Quand je regarde un film, contenant une certaine

171

agression, si elle attaque ma tranquillité en voulant me faire peur, ou ma pureté du cœur en voulant me faire croire qu'avoir un esprit léger avec les hommes est une chose admirable, drôle et légitime ; ou encore, si elle attaque mon bien-être en accablant mon esprit d'atroces actualités, ou bride ma pudeur par ces émissions cordiales où la présentatrice revêt un large décolleté tout le long de la diffusion... je ne peux pas espérer rester « parvée » ! Si je ne ressens pas l'influence sur moi au moment même où je le visionne, c'est que mon niveau d'insensibilité est aigu. Le seul remède reste, celui de prendre du recul en mettant fin au visionnage. Plus je m'expose moins je suis sensible. Moins je m'expose plus je suis sensible. Et cela m'amène à vous relater la belle anecdote du Rav Ron Chaya (www.leava.fr).

Les égouts.

Franck et Joseph travaillaient depuis de longtemps au service de l'Etat, dans les égouts. Quotidiennement il leur fallait descendre plusieurs mètres pour atteindre le sol souterrain de leur lieu de travail si particulier. Ils avaient acquis un certain automatisme dans le métier ainsi qu'une insensibilité de l'odorat. Ils passaient de nombreuses heures à arpenter ces canaux souterrains à l'affut d'un quelconque incident. Un jour, précédemment à l'une de ses nombreuses descentes, Joseph aperçût un homme semblant se diriger lui-même vers son poste de travail. Il incarnait l'élégance, vêtu de son costume coquet à souhait et d'une chemise blanche ivoire. Une odeur embaumante émanait de sa personne. Il avait fière allure et se tenait dignement droit. Joseph fut agréablement surpris de voir quel niveau de propreté et de netteté un homme peut accéder, le laissant pantois. Une autre fois, il se vit octroyer quelques jours de congés suite à un léger malaise. Lorsqu'il fut rétabli, son retour à la profession fut accueilli par une odeur forte, désagréable. Il lui fallut un long moment avant d'affronter de nouveau les égouts. Ces quelques jours loin de l'endroit abject, lui avait permis de réaliser l'ampleur de l'immondice de son lieu d'activité, et même, de regagner légèrement sa sensibilité. Quelques jours plus tard, il décidait qu'il avait suffisamment donné de son temps à cette occupation malpropre. Il arrêta tout. Franck n'eut pas le temps de l'en dissuader, déjà Joseph avait déjà trouvé un autre métier lui permettant de porter un costume décent et d'envisager de se parfumer le matin sans, le soir à son retour, empester les déchets et la

173

pourriture. Bien plus tard, Joseph rencontrera Franck au carrefour d'une grande ville. Un Franck bien occupé par les méandres de la saleté, et railleur devant son ami accoutré de la sorte. Quelle est cette odeur de pot-pourri s'exclama-t-il ! Joseph se désola de voir combien son système olfactif, trop pollué, ne lui permettait plus d'apprécier le raffinement de sa fragrance et fut amplement choqué par la puanteur de son ami. Il n'osait le lui avouer mais il s'exclama intérieurement de réaliser dans quelle pestilence il vivait autrefois, et oh ! combien les douches qu'il prenait à son retour n'étaient pas suffisantes face à l'odeur récalcitrante due à son métier quotidien. Seul, un arrêt complet de cet affairement lui avait rendu sa propreté, sa sensibilité, et au passage, sa dignité. Une dignité longtemps éteinte par son manque de lucidité. Franck s'aventura à lui proposer de venir le rejoindre à nouveau pour travailler en camarades comme au temps de leur amitié. Joseph ne voulut pas vexer son ami, mais son refus fut une évidence pour lui.

Le Rav compare les Medias, aux égouts. Tant qu'on s'y trouve, la tête plongée, l'odeur ne nous dérange pas. Plus on prend du recul, plus, on réalise le négatif de ses derniers.

L'alcool

Une libération magique prenait vie en moi le temps d'un instant, lorsque je goutais à la « boisson ». Cette inconscience momentanée, pendant laquelle, les problèmes périssaient, m'enchantait. Adieu timidité ! Toutes ses barrières, d'ordinaire, présentes face à l'interlocuteur, paraissaient, pour un temps, s'évanouir. Et ce drôle de phénomène, où toutes sortes de petites phrases joviales, que j'étais tentée de dévoiler, me passaient par la tête... Subitement, j'aspire à faire rire les gens, gagnée par une humeur enjouée. Mais Stop ! Rien ne sort, c'est à croire qu'il me reste un peu de conscience, au point de ne pas désirer être ridicule! Tout s'explique, je ne suis pas suffisamment soûle, et heureusement ! Surgit alors, la dernière phase, la chute, la sortie du manège, le réveil d'un joli rêve. C'est moralement douloureux, de réaliser tristement que je ne suis pas la personne géniale que j'étais, cinq minutes auparavant, ce qui généralement me repousse à boire. J'avais remarqué qu'il n'était pas souhaitable de diffuser à mon entourage que je buvais ce qui me mettait en mauvaise posture. L'alcool étant au sein de notre société, un sujet tabou, cette attitude annonçant généralement une déprime, un malaise. Chaque fois que je boirai, je ne serai plus perçue comme une fille décoincée marrante, et insouciante, mais comme *quelqu'un de profondément mal dans sa peau. Quelqu'un qui ose boire ! Qui boit pour oser. C'est alors que certaines personnes ne se gênent pas de me faire savoir, qu'elles, n'ont pas besoin de boire pour oser et me conseiller d'en prendre de la graine. D'autres me parlaient du cercle vicieux dont on ne peut se délivrer, tel ce vieillard, rencontré dans une distillerie du souk. Il paraissait vraiment anéanti et son visage mimait l'horreur du mauvais rêve où il s'était égaré, me conjurant de ne pas le rejoindre. Dorénavant, chaque verre absorbé, serait accompagné d'un peu plus de culpabilité. Du tort, j'en ressentais, et plus je buvais, plus j'en avais, un peu comme la cigarette, la solitude en plus.*

La substance me rendait gracieusement service en soirée, où je me plaisais à conférer à mes rencontres, une apparence décontractée, mais à l'évidence, je m'étais fixée une limite au vice : le jour où l'envie, me prendrait, de boire seule, chez moi, par ennui, la limite serait dépassée. Il m'arriva même de boire le matin avant mon départ pour l'internat. La simple idée de rencontrer sobrement mes amies proches, m'effrayer. Je n'assumais plus ma personne. Il me fallut dès lors, constamment, cet artifice dans le sang, pour pouvoir assumer celle que j'étais et retrouver ma confiance personnelle perdue. Le cycle vicieux dans lequel j'avais pénétré, commençait à prendre une sérieuse envergure. Le simple face à face avec mes voisins le Chabat, me forçait à ingérer une dose de tequila, ou peut-être était-ce par habitude ! Le seul rapport qui ne me demandait pas cet effort, était celui d'avec maman ou mes frères et sœurs. Maman commençait à se douter, mais jamais je n'aurais cru qu'elle oserait venir m en parler. Puis un jour face à la probable question :

-« Paola est ce que tu bois ? »

Dans un large sourire qui exprimait peut être la gêne d'avoir été découverte, mais surtout le soulagement de voir que quelqu'un s'inquiéter enfin de mon sort, je lui répondais qu'évidement je ne buvais pas. D'abord c'est dur à assumer, et plus que tout, j'avais tellement goût que je ne voulais pas prendre le risque de me voir interdire ce bienfait.

-« Paola, dis-moi la vérité. Ne mens pas à ta mère. »

-« Si... c'est vrai je bois quand je sors avec mes amis, mais c'est tout, rien de grave. »

-« Rien de grave ? C'est très grave. Tu ne sais pas les effets de l'alcool ? Ça rend dépendant avant de s'en rendre compte et après c'est trop dur d'en sortir. Attention ma fille. »

-« mais non maman, je sais gérer »

-« Pépé y est accroc tu sais ? »

-« pépé ? Qu'est-ce que tu racontes ? »

-« Bien sûr! Il boit son litre de vin tous les jours »

-« Quoi ce n'est pas que le kidouch ? »

178

-« Non chérie. Ça fait des années qu'il en boit, et aujourd'hui rien ne peux l'arrêter. Ça a causé des dégâts dans sa vie. »

-« Mais je n'ai rien vu ! »

-« Oui parce que tant que ça ne te concernait pas tu n'avais pas besoin de le savoir. Allez mon amour, écoute-moi, ne touche pas à ce poison. Ça pourrit la vie. Et tu n'en a pas besoin. Tu as quand même une belle vie. Pépé était orphelin lui ! »

« « Mais maman je manque trop d'assurance avec mes amis, laisse-moi juste me faire des amis et après j'arrête, c'est juré.

-« C'est des bêtises Paola ! Allons! Ce n'est pas comme ça qu'on acquiert des amis. Au contraire, les gens se moquent de toi et ils finissent par s'éloigner. Tout le monde sait que ça traduit un malaise. Qui a envie d'être ami avec quelqu'un de problématique ? »

-« Bon d'accord. »

-« Tu me le jure ? »

-« Oui maman je te le jure. »

Je ne mentais pas...puisque dans mon dos je croisais mes doigts. Bien sûr je n'en pensais pas un mot. Le lendemain, avant mon départ pour l'internat, je fis mon petit rituel. J'allais remplis ma bouteille d'eau en plastique vide dans la courette, et ma journée se déroula comme à son habitude. Le soir même maman me

179

convoqua. Notre rendez-vous face à la même courette fut moins détendu que la veille.

-« Paola tu as bu aujourd'hui ? »

-« Ben non ! »

-« Tu me mens »

-« Non maman pourquoi tu dis ça ? »

-« Tu me prends pour une idiote ? »

-« Mais quoi ? »

-« Qu'est-ce que tu crois, j'ai mis un trait au crayon sur chaque bouteille pour voir ce que tu bois. »

Je dois l'avouer, voir les efforts réalisés par ma maman, qui s'inquiétait tellement pour sa fille, me donna le sentiment de compter pour elle. Et même si j'avais encore l'intention de continuer à lui mentir, car l'addiction multipliait grandement mon sens du mensonge, mon mal être s'était adouci. Ah! Ma p'tite maman chérie, qu'est-ce qu'elle n'aurait pas fait pour moi ! Enfin quelqu'un qui s'inquiétait de mon sort. Alors c'est sûr, mes plans de continuer de profiter de ces nouvelles sensations allaient se compliquer, mais inconsciemment cela m'avait rendu de l'assurance, avec, une bonne dose de culpabilité. Et puis surtout la voir qu'elle prendre les choses en main en n'agissant pas selon la politique de l'autruche, me rappelait qu'il y'avait un ordre au-

dessus de moi. Je ne sais plus combien de temps encore j'ai continué à boire, mais un jour j'ai arrêté. C'était un peu avant de rencontrer mon mari.

Malgré la difficulté de ma rébellion, maman ne m'abandonna pas. Aujourd'hui, je peux affirmer qu'elle m'a sauvée, en ouvrant pour moi la possibilité de m'exprimer et, par-là, me faire prendre conscience du problème. Elle a joué son rôle d'adulte responsable face à l'enfant irresponsable. Une chose logique est évidente théoriquement mais peu de personnes n'osent la mettre en pratique face à l'opposition parfois violente de l'enfant.

La Torah ne nous a pas défendu la prise d'alcool. En consommer est même un commandement positif à appliquer lors de moments prodigieusement particuliers de la vie d'un juif. Dans le but de sanctifier et être sanctifié, à l'occasion de Pourim ou encore Chabat. Indubitablement pas lorsqu' il s'agit de tuer une humeur cafardeuse ou un doute de nullité. Le manque identitaire a manifestement un objectif dans l'existence de l'homme, comme tout désagrément : arriver à une remise en question ou comment trouver la vérité et ainsi, abandonner l'illusion. Nous avons tous, profondément ancrée en nous, la soif de nous réaliser : sortir du potentiel au réel. C'est une force inouïe de concrétisation que notre Créateur nous a attribuée. Toutefois, avant d'en tirer profit correctement, il faut rechercher la vérité, à défaut de quoi, toute tentative d'extériorisation est, alors, faussée.

L'isolement

J'étais convaincue d'être seule à vivre ma vie, et pourtant Celui qui m'accompagnait depuis le jour de ma naissance, n'attendait qu'une chose : que je m'adresse littéralement à Lui.

-« Allo ? »

-« Paola ça va ? »

-« Ca va super ! Tu sais où on est ? »

-« A Pisgat Zeev ? »

-« Non ! Dans le nord dans un tsimer de fou. Vu sur le Kineret, piscine privée, ballades, restos... on kiffe. »

-« Waou ! C'est super. Moi, mon mari avant qu'il me propose un plan comme ça, je peux toujours courir. »

-« On a le même je te rassure. »

-« Ah ! C'est toi qui l'as saoulé ? »

-« Non même pas ! C'était son initiative de A a Z. »

-« Ben alors, j'te suis pas. »

-« Je me suis isolée une heure, et parmi tout ce que j'ai dit, j'ai demandé un tyoul en Erets Israel. »

-« L'isolement ?! C'est la loi de l'attraction ?! »

-« C'est juste de m'isoler pour parler à D.... »

-« Ah ! Et après... »

-« Ben après, je n'ai même pas eu à émettre cette idée auprès de mon mari, puisque le lendemain de mon

183

isolement il me rapporte que son ami lui a raconté son trépident voyage dans le Nord, et ça lui a donné envie. »

-« Je suis choquée ! »

-« Tu le serai d'autant plus si tu connaissais bien mon mari ! »

-« Attends ! Mais c'est long une heure ! »

-« C'est quoi une heure sur 24h !? Quand tu sais que ces 60 minutes vont avoir un impact extraordinaire sur ta vie. »

-« Quoi, tous tes rêves se réalisent ? »

-« Non, c'est pas ça qui est extraordinaire. »

-« Ah bon ?! Et c'est quoi alors ? »

-« C'est ce lien très fort que tu ressens avec le Créateur. Ta journée d'après, ce ne sont que réponses à tes questions, comme pour te dire, ma fille Je t'ai entendue. Ça, c'est extraordinaire. »

-« Sentir le lien...waou ! Et alors, toutes tes demandes se sont réalisées ? »

-« Je crois bien que j'ai eu des réponses à tout, sauf une ! Et pourtant je ne désespère pas. »

184

-« Quel courage ! »

-« Merci ! Mais ça n'a rien à voir avec le courage. C'est juste qu'après avoir demandé à Hashem, en tête à tête, ce que tu désires le plus réellement, tu sors de l'isolation avec des nouvelles batteries, qui vont te permettre d'être plus patiente, et même de comprendre pourquoi Il te fait attendre...et des fois non. »

-« Qu'est-ce que tu as compris du fait qu'Il ne t avait pas répondu sur cette demande spécifique ? »

-« Que le monde avait besoin que je réitère ma prière, mais pas seulement pour moi, égoïstement, au sein de mon foyer. En revanche, il fallait que je prie pour tous les membres du peuple juif qui se trouvent dans ma situation. »

-« Ce n'est pas un peu vantard ça ? Sauf ton respect Paola ! »

-« Ta question me peine beaucoup. »

-« T'es sérieuse ?! Je ne voulais pas te vexer. »

-« Je ne suis pas vexée du tout, je suis peinée de voir une fille juive penser que ses prières n'ont pas de poids. Si seulement la puissance de notre âme était mise à nu devant nos yeux, on tomberait à la renverse de voir la capacité de prière et de réalisation qu'elle a. »

185

-« Alors si l'âme de chacun est aussi puissante que tu le dis, pourquoi certains le ressentent et d'autres non ? Pourquoi tellement de personnes ne sont pas du tout sensibles quant au fait de parler à D... ? »

-« C'est que leur abat-jour est trop épais. »

-« On parle de quoi là ? »

-« Le Rav Benchetrit explique que chacun a un abat-jour qui laisse plus ou moins passer sa lumière intérieure vers l'extérieur. »

-« Comment on fait pour désépaissir cet abat-jour ? »

-« A mon humble avis, concernant l'isolement, le sarcasme y est pour beaucoup. »

-« Le sarcasme ? »

-« Oui, croire que l'on va se moquer de nous. Ou soi-même se moquer de la spiritualité, des gens spirituels. C'est radical pour éteindre notre flamme intérieure. La raillerie en somme ! »

-« Quelqu'un de railleur n'est pas spirituel ? »

-« Non ça ne va pas ensemble. A ce propos il est dit « lets také» le railleur tu frapperas. Car son impact est très néfaste sur le renforcement spirituel. Amalek aime se vêtir d'humour, il n'y a qu'à voir comment dieudonné remue les foules. »

-« Bon et sinon, quand tu lui parles, t'as pas peur qu'on te prenne pour une folle ? »

-« Si t'as vraiment peur qu'on te prenne pour une folle lorsque tu fais la chose la moins folle au monde, parler avec ton créateur, alors, j'ai un truc. »

-« Quoi ? »

-« Tu mets des oreillettes de téléphone et tu peux être sure que personne ne te regardera. »

-« Ah bon ? »

-« Oui, et cela pour deux raisons : d'abord c'est tout à fait commun de parler dans des oreillettes, tout le monde le fait. Et deuxièmement, si tout à coup tu ressens en toi la peur que quelqu'un t observes, arrête toi un instant et regarde tout autour de toi. Tu verras que les gens sont tous très occupés. »

-« Très occupés à quoi ? »

-« A se poser la question de savoir si quelqu'un les regarde en ce moment. Et si tu es lucide avec toi-même tu remarqueras que cette question on peut se la poser inlassablement tout au long de la journée. C'est du délire !

On est tellement tourné sur soi-même et on s'auto-observe tant, qu'on est persuadé que le reste du monde agit aussi ainsi avec nous ! »

-« Eh ! C'est vrai ça ! »

-« Oui et c'est tellement vrai, malheureusement, qu'on perd de longues heures au lieu de s'entretenir avec Lui. Quand on attend quelqu'un ou quelque chose, seule en voiture, quand on fait les courses, quand on cuisine... Et bien sûr il n y a pas comme sortir exprès pour s'adresser à Lui. Se réserver une heure à Lui parler de tout ce qu'on a sur le cœur, comme à son ami, ou à son papa. »

-« C'est vrai, dès que les gens ont une seconde, ils ont systématiquement le réflexe de sortir leur téléphone, pour voir si ils n'ont pas reçu de mail, d'appel ou de sms ! »

-« Parlons en tiens ! Je pense que cela traduit clairement une chose ! »

-« Ah oui ? Que tout le monde a un téléphone ? »

-« Hormis cela ! Tout le monde veut être lié. »

-« Lié ? »

-« Oui, ils recherchent le lien. Ce mail, ce sms, cet appel manqué, pour se rassurer d'être lié à quelqu'un en permanence. Plus le réflexe de toucher son téléphone est prononcé, plus l'indice de manque de lien, est grand. Mais ce qu'ils ignorent c'est que, sms ou pas, mail ou pas, appel ou pas, ils sont liés. »

-« A qui ? »

-« A leur Créateur. Ils veulent ce lien intérieurement de toute leur âme, mais leur perception de ce sentiment est mal traduite, et ils vont chercher le lien avec autrui. D'ailleurs plus une personne est consciente de cela plus elle pourra remarquer que des qu'elle va chercher le lien superficiellement en appelant une amie ou un parent, la personne ne sera pas disponible pour elle, ou ne sera pas aussi attentive qu'elle l'aurait espéré. »

-« Alors quoi il ne faut plus appeler personne ? »

-« Tout dépend de l'esprit avec lequel on le fait. D'ailleurs appeler quelqu'un juste pour parler et être écoutée, ça a quelque chose de très égoïste. Cela dépend aussi de la densité de nos appels. Il y a des appels qui font toujours plaisir, comme celui pour souhaiter un joyeux anniversaire ou Chabat Chalom. Et en revanche lorsque l'on nous appelle on se doit d'être disponible pour l'autre car il a besoin d'écoute. Généralement ça n'est pas le moment propice pour nous et pourtant ça l'est précisément pour l'autre. »

-« Et quand on a un problème à régler ? »

189

-« La vraie logique voudrait que l'on s'adresse d'abord à Lui et qu'on Lui expose le problème entièrement, en émettant ses craintes, ses doutes, sans chercher une solution. Des fois ça vient mais des fois non, alors on Lui demande de nous envoyer le bon « chalia'h ». Et là ses conseils seront beaucoup plus efficaces que si on était passé directement de l'angoisse du problème à l'appel téléphonique. »

-« Y a plus vraiment de spontanéité dans tout ça ! »

-« Il n y a rien de plus spontané que parler à Hashem, lorsque l'on se retrouve seule avec Lui et qu'on ouvre entièrement son cœur, il n y a aucun tabou. Au contraire, si on s'adresse à quelqu'un, une grande part de spontanéité s'efface, par la peur du rejet, du qu'en dira-t-on, la crainte de la trahison... selon le pourcentage dont on est emplie. »

-« Et quand on n'a rien de spécial à Lui dire ? »

-« Du fait de s'être tenue une heure devant Lui, même si rien n'est sorti de notre bouche, découlera une infinité de bien, et notre mérite dépasse l'entendement... »

-« Le silence pendant une heure !? »

-« Cela dit, généralement après un long silence, le cœur s'ouvre. »

-« Ok, donc le truc c'est d'ouvrir son cœur. »

-« Il y a une règle d'or, il faut toujours commencer son isolement d'avec D..., par des remerciements.»

-« C'est la moindre des politesses, on ne se tient pas devant n'importe qui ! »

-« Non seulement ! Mais en plus le résultat d'un isolement, où l'on parle directement de nos problèmes, peut nous amener sur une mauvaise route : ne pas reconnaitre que ces problèmes viennent d'Hashem, et de personne d'autre. Et qu'ils sont bons pour moi en ce moment. »

-« Pourquoi ?! Comment un problème peut être bien pour moi ?! »

-« Avant tout parce que la source de ce problème est bonne puisqu'il s'agit de la Personne la mieux intentionnée à notre égard dans ce monde... »

-« D... ? »

-« Oui. Un problème, ce n'est pas une punition! C'est un cadeau qui nous aide à mieux nous repositionner dans la vie. A grandir. A passer de niveau. »

-« Donc si je comprends bien on commence par remercier pour nos problèmes ? »

191

-« S'il n'y a pas de problème urgent à ce moment précis, le mieux c'est de remercier pour ce qui est réellement bien à nos yeux d'humains : nos sens fonctionnent. Nos jambes marchent. On a le moral. On est entouré de gens que l'on aime. On est Juif. On a un état Juif dans lequel on peut vivre. »

-« Je respecte ton avis Paola, mais franchement, c'est dur de sortir comme ça et de se mettre à parler à D... Ça parait limite schyzo ! »

-« Le fait de croire que c'est schyzo comme tu dis vient d'un endroit en toi qui veut se moquer ou pense qu'on va se moquer de toi... »

-« Et si on n'a pas le niveau ? »

-« Quel niveau ? »

-« Ben celui de s'adresser à D.... »

-« L'ensemble de notre corps a été réalisé dans le but de s'adresser à Lui. Contrairement à l'animal, nous avons le pouvoir de lever la tête au ciel. »

-« Ah bon ? »

-« T'as déjà vu une vache lever la tête au ciel, toi ? »

-« Ah ! Ça serait drôle ! »

-« On a tous le niveau de lever la tête au ciel et de Lui parler. Aussi bien le breton de son balcon, que le new yorkais de son building. Il faut pas avoir peur et se lancer... »

-« Du balcon ? »

-« Non ! Pas du balcon ! Se jeter à l'eau quoi ! Si tu hésites réellement, la prochaine fois que tu sens que la situation se gâte et que tu as les nerfs, au lieu de passer un coup de fil, ou de mettre la musique à fond, sors et parles Lui, tu seras étonnée des résultats. »

-« Comment t'as osé toi ? »

-« D'abord je me suis beaucoup renforcée sur ce sujet grâce au livre « A travers champs et foret » puis lorsque j'ai commencé à voir les résultats j'étais positivement surprise ! Je n'avais jamais vécue une telle chose de ma vie ! »

-« Mais comme quoi ?! »

-« C'est indescriptible, mais je me souviens d'une chose, un jour c'était tellement fort que j'ai pleuré de joie car j'ai eu un très fort sentiment qui m'as emplie, d'être la plus riche au monde... »

-« financièrement parlant ? »

-« A tous les niveaux. Un sentiment d'abondance et de plénitude, comme quand on s'achète quelque chose hors de prix qu'on désirait fortement. Et j'ai compris pourquoi. »

-« Pourquoi ? »

-« Tout simplement parce que la Personne la plus affairée au Monde m'accorde de Son temps. Et cela n'a pas de prix ! Alors que des milliards de gens sur cette planète sont prêts à tout pour atteindre ce sentiment de richesse extrême, d'amplitude absolue. On peut l'atteindre pour rien ! »

-« Et à part cela... »

-« A part cela, la « hitbodedout » m'amène vers la « hitbonenout » »

-« C'est quoi ce charabia ? »

-« La hitbonenout veut dire observation, il s'agit de réflexion. »

-« Ça t'aide à réfléchir ? »

-« Plus que cela, ça m'offre une grande lucidité. Un niveau de compréhension auquel je ne pourrais arriver sans l'aide de D.... »

-« Paola, je sens vraiment que je n'ai pas le niveau pour ces choses-là. »

-« Il n y a rien à faire. Vraiment rien. Il faut juste laisser son téléphone de côté et marcher dans la rue le soir et Lui parler. C'est tout. Ce n'est pas sorcier... le principal c'est de commencer. Même si tu Lui parles 10 minutes par jour c'est déjà fabuleux. »

-« 'A travers champs et foret', tu dis ? »

-« Du Rav Aroush...je t'envie de ne pas l'avoir encore lu ! »

Celui qui admet l'existence du Créateur se doit de croire que tout dans ce monde, y compris nos « problèmes », proviennent de Lui. Combien de valises de difficultés sommes-nous prêts à encaisser et à trimbaler pour finir par lever la tête vers D... et Lui parler simplement !

Pourquoi la voix, cet organe qui nous permet de nous exprimer, ne serait-elle pas, aussi, mise à son service, comme nos mains lorsque l'on donne l'aumône, nos pieds lorsque l'on se dirige vers une synagogue, ou nos oreilles pour écouter un cours de Torah ? Pourquoi est-ce que l'art de la communication et du dialogue, ne seraient mis qu'au profit des relations interhumaines ? Pourquoi ferions-nous tellement languir le Créateur de notre parole, une réjouissance a « Ses oreilles » lorsqu'on dit Ses louanges et que l'on se confie à Lui ?

195

Comme un parent qui pourrait avoir le cœur brisé de voir son enfant ne pas faire cas de lui, et ne jamais lui adresser la parole, que provoquons-nous chez Hashem, si nous ne dirigeons jamais notre voix vers Lui ? Lui qui nous comble sans arrêt de bienfaits, désirant notre proximité sans intérêt, pourvu des meilleures intentions à notre égard. Lui, le seul au monde à détenir la clef de nos problèmes, décide par quel tuyau Il nous fera parvenir cette clef. Rien n'est trop grand pour Lui, puisqu'Il a créé le Monde. Aucun être humain n'a le pouvoir d'aider une personne si Hashem n'en a pas décidé ainsi. Alors pourquoi ne pas le lui demander, si on est prêt à faire des kilomètres pour obtenir une bénédiction, tenter de régler un problème, ou pèleriner des tombeaux ! L'être humain, a sans cesse besoin d'attirer le regard : on veut parler, et fort, on s'habille de manière excentrique, on fait du bruit, on veut choquer... Tout cela ne proviendrait-il pas du manque de conscience que Quelqu'un nous regarde, sans arrêt ?

Seule dans ma chambre d'hotel.

196

Autrefois, seule dans ma chambre d'hôtel, je suivais mes
ambitions d'alors.

Seule dans ma chambre, seule dans la rue, seule dans le
métro, seule dans mes journées, seule dans ma tête...seule.
Aspirant à des envies personnelles,
concrétisant des rêves personnels, atteignant des objectifs
personnels.

Seule dans un café, seule dans le taxi, seule à l'aéroport,
seule dans l'avion, seule dans ma tête...seule.
Comblant les plaisirs personnels, saisissant les découvertes
personnelles, acquérant les achats personnels, inventant
des expériences personnelles.

De retour dans mon pays, je suis seule le matin, seule dans
ma voiture, seule à Tel-Aviv, seules face aux clients, seule
dans la rue, seule dans ma tête...seule.
Recherchant la réalisation personnelle, ambitionnant
la satisfaction personnelle,
atteignant les aspirations personnelles,
obtenant un gagne-pain personnel.

Ce soir je suis peut être seule dans ma chambre,
mais je ne suis pas seule dans ma tête.
Hashem est avec moi, mais pas seulement. Mon mari
aussi. Je l'aime pour ce qu'il est et ceux qu'il m'a donnés.
Trois enfants merveilleux. Deux qui dorment près de lui,
et un, dont j'attends le réveille.

Je ne suis pas seule dans l'hôtel, il y a près de moi, pleins de sœurs, qui ne sont pas seules, qui attendent que leur bébé se réveille.

Je ne suis pas seule dans cette aventure. Je suis avec un peuple. Qui me fait avancer et que je fais avancer. Dans une réalisation commune, un plaisir commun, un but commun. Celui d'une nation qui veut vivre plus que tout. Celui d'une nation qui me fait vivre au-dessus de tout.

L'essentiel de la maison .
Une mère de famille, s'investissant dans l'accomplissement de sa profession, se doit réellement d'approfondir certains éléments, avant de s'y lancer à

corps perdu et répondre à l'énigme suivante : « A quoi sert cette carrière ? » Dans le meilleur des cas, elle a ressenti depuis son plus jeune âge une forte attirance dans un domaine, et depuis tous ses rêves suivent le cours de leur réalisation. Faire les études adéquates, chercher à rencontrer « les bonnes personnes », investir son temps, son argent, sa réflexion dans l'apprentissage de cet art. Et bien que sa vie ait évoluée au point qu'une nouvelle fonction cruciale, a pris place dans sa vie, être Maman, elle n'a pas changé de registre. Au pire des cas, cette carrière lui servira de réponse à une pression sociale : Ma famille attend de moi... L'entourage dans lequel je vis, ne porte pas le moindre intérêt aux personnes n'ayant pas un certain nombre d'années d'études... Les gens autour de moi se sont largement réalisés en matière de diplôme, qu'en est-t-il de moi ? Il est temps que l'on m'adresse de la considération ! Lors de mes rencontres avec autrui, j'éprouve un besoin de m'affirmer à travers un métier, un rôle important, un titre avantageux. J'apprécie l'idée exaltante d'attester, en tant que titulaire d'un diplôme, d'architecture, de médecine ou toute autre ingénierie, les connaissances acquises ainsi que les œuvres réalisées. Pour ce bref instant de gloire, nous sommes prêts à de nombreux compromis. L'ébahissement de notre interlocuteur à l'annonce de quel diplôme nous sommes patentés, sa soudaine prise en considération, suffisent à nous motiver pour plusieurs années d'études. Si l'acte

199

d'aller travailler découle d'une envie de prendre l'air, l'amalgame est certain ! Disposer d'un recul avec la maison et la famille, est d'ordre vital pour la femme. Recharger ses batterie, souffler, se retrouver, se construire en dehors du cercle familial, se renouveler dans un joli vêtement, faire du sport, assister à un cours de Torah passionnant, s'épanouir à l'extérieur pour ramener le bien être qui en découle à l'intérieur de la maison comme apprendre un art qui nous passionne, juste pour soi... Toute la maison y gagnera! Mais il ne s'agit en aucun cas de se rendre responsable de la subsistance ! Très souvent, on n'ose exprimer ce besoin, quand l'assumer, seulement, demande une bonne dose de courage. Ce besoin de se retrouver sans le mari et les enfants, pour souffler un peu! Alors pour légitimer la chose à leurs yeux, on sort sous le couvert du travail ! Ce besoin de reprendre des forces en se donnant un moment, rien que pour soi, se traduit par une action de continuer à donner, à être dans l'effort continuel. Le prix qui en découle, à long terme, risque d'être lourd ! L'exténuement, le sentiment de perdre pied, de ne pas être à sa place, de courir après le vent. Une sensation d'accusation face au mari pourrait faire surface. Il n'en fait pas suffisamment. Ni au travail, ni à la maison ! Un ressentiment d'injustice. L'impression d'en faire toujours plus que l'autre... Malheureusement la seule personne à blâmer, malgré les efforts physiques déployés, n'est autre que la femme en question ! Sa faute : s'être administré une part, si ce n'est l'entière responsabilité du métier.

Si c'est un gagne-pain, il ne faut pas oublier que la somme d'argent de l'homme est fixée à Rosh Hashana. Elle peut passer par moi comme par mon mari, et bien que l'effort est obligatoire, il ne doit pas dépasser les limites du raisonnable... L'effort en question, se devant de joindre action et prière.

Le geste d'aller travailler peut découler d'une profonde volonté de rester financièrement indépendante, de ne pas avoir à donner des comptes à mon conjoint, quant à mon envie de dépenser mon argent, de pouvoir rester libre de l'employer comme bon me semble. Tout cela contribue à ôter, à notre conjoint, sa principale fonction en tant que mari : « Aimer sa femme comme son corps et la respecter plus que son propre corps. » Notre époux a la Mitsva d'entretenir sa femme. Aussi, l'acte de réclamer à son conjoint, nous permet de réaliser l'écrit de la Torah « el ishéh' tshoukatéh' vé ou imshol bah' » « Vers ton homme ton désir, et il te gouvernera ». Tandis qu'en accédant à notre demande, il s'habituera à ouvrir son cœur, ou s'il est généreux de nature, à mieux diriger ses dépenses. Il serait dommage de passer sa retraite avec un homme auquel on n'a jamais appris à donner.

201

La rabanit Yemima Mizrahi a pour philosophie, qu'elle défend contre vents et marées, l'acte considérable, de la femme réclamant un bijou, à l'occasion de Pessah, Rosh ashana, ou Souccot ; Pour les plus vaillantes, aux trois occasions! Et attention ! Elle est claire ! Il ne s'agit ni de zirconium, ni de swarowski, ni de Mihal Nigrin ! Non il faut lui réclamer un diamant! C'est une grande *segoula* pour la réussite financière du mari de nous offrir un tel cadeau. Ne pas le lui réclamer ferait de nous, une mauvaise femme, d'après la Rabanit, puisque cela entraverait sa réussite financière.

Ah ! Que d'efforts, cela demande ! Tant d'insistance de notre part, à son intention, semblerait-nous amoindrir ! Qui sommes-nous pour nous abaisser de la sorte ? Oui, je t'ai bien demandé un diamant, oui je suis sure, c'est ce que je veux, et oui j'ai déjà choisi le modèle...Combien de fois faudra-t-il le répéter, toujours avec amour, patience mais détermination ! Quand bien même l'idée, cohérente, de dépenser une si grande somme dans un si petit bout de pierre serait déraisonnable, quand un bon disque ferait l'affaire ou encore, on se dit : « pauvre mari, il travaille si difficilement, je ne serais pas une femme aussi affligeante, pour demander autant. »

Un jour mon oncle annonçait à ma maman qui divorçait fraichement: « ma sœur ! Tu sais, je réalise que plus un homme dépense pour sa femme, plus il en est amoureux.»

Pourtant, tout au long de sa vie elle n'avait rien réclamé du tout ! Oui c'est une vraie bataille contre l'ego ! Moi, dépendante !? Moi, demander !? Il ne manquerait plus que ça ! Avouer que l'on a besoin de son mari pour acheter demande un gros effort. Aussi, peut-être, s'il nous déconseille de dépenser pour certaines choses, qu'il n'a pas tout à fait tort. Peut-être que ces dépenses sont inutiles...et si, après longue réflexion il est certain que non, alors on devrait avoir de bons arguments pour le lui faire entendre.

En revanche, si notre choix est libre de toute corruption sociale, si la profession nous procure un réel plaisir, ou par idéologie, cela est envisageable. Sans omettre de méditer aux interrogations suivantes : Pourquoi fais-je ce métier ? Le prix en vaut-il la chandelle ? Ou est ma place dans ce monde ? Est-ce pour gagner de l'argent, ou écoper les honneurs ? Tacher que le but de ce métier, ne remette pas en question l'essentiel. Enfin, il ne faut pas adhérer à l'idée que le travail peut repousser la venue d'enfants au monde. Une célèbre Rabanit, mère de 10 enfants, a su réaliser un brillant cursus d'avocate, avant sa majestueuse carrière comme conteuse de la Parasha à des millions d'auditrices, chaque semaine, à travers le monde entier. La mère de la famille la plus nombreuse en Israël, compte 21 enfants à son actif, cette situation ne faisant aucunement obstacle à son désir de remplir ses fonctions en tant que directrice d'école. Une chercheuse scientifique, qui, après 10ans d'études, va de grossesse en grossesse, et dont l'idéologie de paix et d'union entre les différents groupes de Juifs reste la bataille, rassemblant de grandes figures, chaque année, tout cela dans une grande humilité, de façon anonyme et bénévole. Une autre a eu son diplôme d'enseignante après de dures années d'études, pour finalement choisir de travailler en tant que secrétaire, par choix, réalisant qu'une carrière d'institutrice serait immanquablement un poids sur son rôle de mère. Le Rabbi de Loubavitch, paix à son âme, a dit : « Dans le travail, on ne met que les mains, et non pas l'âme. » Dans le livre du « Devoir des cœurs », il est rapporté : grandiose est le mérite de celui qui choisit un travail en fonction de sa liberté à faire l'essentiel, l'accomplissement de la Torah.

Il y a une propriété supplémentaire à prendre en considération ; l'ombre du métier de la femme, qui s'étendrait sur le mari, même, s'il ne s'en plaignait pas, par confort peut-être ! La concrétisation de ce dernier, tardant à venir, sa femme ayant occupé la scène et les projecteurs qui vont avec. La réalisation du conjoint, en matière de métier, d'étude de Torah ou tout autre domaine, n'a pas besoin de conseils « avisés », de notre part, pour expliquer à l'autre, ce qui ne va pas dans sa démarche de travail. Mais bien qu'on lui cède la place tout en ayant

VRAIMENT confiance en son potentiel de réussite. Je ne parle pas uniquement d'approbation orale. Non c'est beaucoup plus subtil que ça. Le Rav Benchetrit nous enseigne : « Le seul encouragement à l'existence, c'est l'existence» par-là, il explique que si l'on désire réellement de l'autre qu'il existe, se réalise dans un domaine, prenne les choses en main, on se doit d'exister pour lui. C'est un plat chaud, une écoute ininterrompue et de qualité s'il s'aventure à émettre des paroles de Torah, ou toute autre tentative d'expression. Une régression sérieuse des reproches. Des pensées pures envers notre époux. Un foyer accueillant à son retour de « la guerre ». Et plus que tout, un visage rayonnant. La femme ne doit pas pour autant rentrer dans un mutisme, réalisant toute les envies de son mari. Il y a un temps pour parler des choses importantes, mais il doit avoir ses limites. Ce n'est pas parce que l'homme n'exprime pas ses besoins, qu'il n'est pas sensible à tous nos efforts. C'est à se demander s'ils ne le sont pas plus que nous finalement ! Un simple compliment oral suffit à nous faire carburer de longues heures. Occuper la scène de la carrière en exigeant incessamment de son mari qu'il s'accomplisse un peu plus, toujours plus, voilà un paradoxe étrange. On le conjure de prendre ses responsabilités, tout en étant pas prête à lâcher-prise le gouvernail. La responsabilité ne reste pas à terre, et si une personne se l'est appropriée, elle ne peut blâmer qu'elle-même. Ce n'est pas par hasard si la

205

Ketouba (contrat de mariage Juif) octroie au mari la responsabilité d'entretenir sa famille. C'est peut-être aussi parce qu'il a en lui les forces pour se confronter face à l'extérieur.

L'une des raisons subconscientes de la femme, à prendre part à l'entretien financier de sa famille, découle, probablement de son manque de confiance en la capacité de son mari à pouvoir en être responsable entièrement. Notre doute face à ses capacités à se débrouiller, un peu comme une bonne maman qui n'accepterait pas de retirer son enfant du trotteur s'inquiétant de le voir tomber. Il lui est inenvisageable, qu'après une chute, il daignera se relever, pour hardiment finir par marcher seul ! Dans une semblable confusion, elle pourrait, consciemment ou pas, envisager que sa propre capacité à gagner de l'argent serait supérieure à celle de son mari, preuve a l'appui ! Allant même jusqu'à lui à affirmer : « Que veux-tu ?! J'ai plus de bénédiction que toi dans cette activité! » Le père Zatsa'l de la Rabanit Levanon, fondatrice du centre d'étude pour femmes « Bynyan shalem », talmide haham de la Yeshivat Mir a affirmé : « Il n'y'a pas de bénédiction dans la parnassa de la femme. » Sans oublier, qu'une bénédiction visible dans ce monde, peut être illusoire, et s'avérer être, en réalité, une calamité.

Mais il est tellement plus gratifiant, pour une femme, de faire ses preuves à l'extérieur lorsque d'autres personnes sont témoins des efforts qu'elle déploie. Il existe une preuve contestable à cela : la description répandue, d'autrui, évoquant la situation d'une certaine femme au foyer: « Elle ne fait rien ! Elle est à la maison» Oui ! Le ménage est ingrat. Personne ne voit les efforts fournis. Ni en ménage, ni en cuisine, ni dans l'éducation des enfants ! Et pourtant le résultat a le pouvoir de décupler la confiance en soi de chacun des gens de notre maison, enfants comme mari. Une maisonnée agréable, en ordre, où chacun trouve sa place. Des odeurs exquises de nourriture. Une attention pour chacun, une oreille attentive, un cœur à l'écoute : c'est ce qui fortifie l'autre et le prémunit pour la vie.

La Rabanite Hanna Tao, zatsa'l, n'avait pas été dotée d'une vie facile, n'ayant pas été épargnée. Un jour détaillant sa complexe enfance au travers des si nombreux incidents, face aux maudits nazis, que leurs noms soient effacés, l'une de ses élèves s'avisa de la questionner : « Mais Rabanite! Où, une jeune fille de cet âge, avait-elle trouvé la force de résister, face à de si pénibles persécutions ? » . Sa réponse ne fut autre que celle-ci : «Auparavant, j'avais vécu les quatre premières années de ma vie les plus fabuleuses ! Auprès de ma Maman dans une maison chaleureuse. »

La Rabanite, Dina Rape, nous enseigne, d'après nos sages, d'« éduquer ses enfants selon leurs chemins ». Le chemin de qui ? De l'enfant, selon son caractère. Comment peut-on savoir quel est véritablement son caractère. Comment peut-on savoir ce qui est meilleur pour chacun, sachant qu'ils sont tous uniques et différents ? C'est grâce à la Bina Yetera, sagesse supplémentaire propre à la femme, que l'on saura au mieux le chemin de chaque enfant. Mais elle explique : plus la femme a une occupation externe, autre que le bon fonctionnement de sa maison, moins elle aura le loisir suffisant pour découvrir le fameux chemin propre à chacun de ses enfants.

Parlons d'un autre phénomène plutôt curieux à observer. Il concerne le large dispositif d'accoutrement physique déployé par la femme qui sort travailler. Certes, le cercle dynamique encourageant, qu'est le lieu de travail, suscite admirablement la femme, à se vêtir pour l'occasion! Aussi, nous nous devons de nous poser le plus sincèrement possible la question suivante : pour quelle raison, la motivation de notre image à l'extérieur devance largement celle reflétée au sein du foyer ? L'attention de quel individu cherchons nous à attirer ? Répondre honnêtement à cette énigme aura le mérite de nous rendre notre lucidité.

On dit que les actes de nos ancêtres sont un signe pour leurs descendants. Dans la Torah, il est relaté à propos de notre matriarche : « Sarah est dans la tente. » Bien que consciente de la place qui était sienne, son rôle fut irremplaçable pour le peuple Juif. Je conclurai avec cette phrase de la Rabanit Riva Lapidot, paix à son âme : « Si malgré tout la femme décide d'aller travailler ou étudier qu'elle se garde d'échanger un monde contre un monde. » Et de questionner : « Où vont toutes ses pensées ? Vers ses enfants, son mari, son patron, ses collègues, ou ses clients ? La grande partie de ses efforts, sont-ils tournés vers son foyer ou vers son métier ? » Ainsi elle saura, si ses priorités sont les bonnes. Si une femme a le courage, malgré la pression sociale, de se repositionner en accord avec les bonnes priorités, elle verra sa joie se décupler, et aura le sentiment, inégalable, d'être au bon endroit, de remplir la fonction attribuée, d'exploiter au mieux ses aptitudes divines.

(Pour relater ce sujet de la façon la plus authentique, les choses n'ont pas été évidentes et cela n'est rien comparé aux protestations que je m'attends à recevoir. Mais que faire ? L'argent, les honneurs, et les approbations cautionnées par la société, ont leurs conscrits sur terre.)

Les enfants c'est la vie.

Les enfants c'est la vie, les enfants c'est la joie ! Dans la vie, il y a le repos et il y a la joie. Lorsqu'il y a l'un, il n'y a pas l'autre. Dès lors que l'on fait le choix de ne pas avoir

« trop » d'enfants par souci de tranquillité, par inquiétude de voir le silence se rompre, par crainte des caprices, de l'effort mental à fournir pour éduquer, du malaise des couches, du supplice des nuits blanches involontaires, de l'envie de voir l'argent ne servir qu'à soi-même, on renonce à autre chose. La joie d'avoir des enfants, est une anesthésie naturelle de la vie, elle nous fait oublier tous ces « maux » et « désagréments ». Alors pourquoi repousser cette bénédiction que sont les enfants ? Sa carrière, sa société, ses études, ses ambitions de réussite, son appétence d'argent, sont généralement un bon cheval de bataille pour faire de l'argent une fin en soi, plutôt qu'un moyen pour avoir des enfants et inverser la réalité sans l'ombre d'un remord. Celui qui fait de l'argent ou du nombre d'année d'étude, une fin en soi, signe son contrat d'esclavagisme. Qui est l'homme qui aime l'argent et les honneurs, et qui s'en rassasie ? Puisse un tel homme, être repu ? N'en voudras-t-il pas toujours plus ? La seule limite à cette course, n'est autre que le jour de la mort. Si l'argent et la réussite sociale ont une place prépondérante dans la vie d'un être, alors l'envie d'avoir des enfants sera repoussée indéfiniment. Arrêtons-nous un instant sur cette fallacieuse expression : « Gagner de l'argent ». L'expression est mensongère. On ne « gagne » pas de l'argent comme à la loterie. L'argent ça s'achète à prix fort, et les sacrifices offerts sur son autel n'ont pas de limite. Toutes les valeurs élémentaires de la Torah, comme, se marier, avoir des enfants, respecter ses parents, étudier la Torah, faire des actes de bonté... sont des sacrifices « légitimes ». Et bien que l'illusion de l'argent soit avérée, il n'est pas difficile d'observer le grand nombre qui s'y engage. Il est rare d'entendre un homme sur le lit de sa mort regretter de ne pas avoir passé plus de temps sur le lieu de son travail. En réalité, il faut croire que derrière cette envie d'argent et de titres se cache un autre réel besoin : La reconnaissance. Cette soif, humainement vitale, n'est pas foncièrement déplorable. La question reste à savoir ce que l'on en fait. Le reportons-nous vers D... ou vers notre pire ennemi et plus proche voisin : l'ego.

Dans le premier cas on est entièrement gagnant, et il n y a pas lieu d'avoir honte. Dans le deuxième, on s'engage sur une voie dangereuse, qui nous mène vers une perdition sure. La seule vraie richesse que contient ce monde c'est la Torah et l'accomplissement de Ses lois.

Pour quel motif, un vulgaire bout de papier coloré peut-il dégénérer, devenant la raison d'être d'un être humain? Quand Gainsbourg, paix à son âme, puisqu' il était juif, brûle un billet à la télé, c'est l'indignation générale. Pour expliquer leur colère, ces mêmes indignés, clameront la faim dans le monde. En admettant que le sujet leur fut sensible, pourquoi n'ont-ils pas tiré profit de ce sentiment de révolte, dans le but de créer une association caritative contre cette terrible injustice? En réalité, ce qui les avait

211

tant émoussés, était, que ce billet ne leur appartenait pas. S'il avait été en leur possession, ils l'auraient utilisé différemment qu'en le brûlant... à des fins personnelles par exemple!? Dans quelle fureur peut rentrer l'homme qui a faim du bifton? L'argent est appelé par nos sages « zouzim » : « bougeant ». Cela bouge d'un endroit à l'autre. Un jour il y en a, un jour il n'y en a plus. L'âme d'un enfant est éternelle. Même un bébé qui n'a pas vu le jour. Le mérite de la mère qui l'a porté est éternel. Et elle retrouvera l'âme de son enfant après 120 ans.

La grande illusion serait de croire qu'en ayant peu d'enfants, on leur garantirait une meilleure qualité de vie. Encore plus de voyages, d'attention, de présence. Philipe et Lisa consultèrent leurs deux enfants : « Préféreriez-vous des frères et sœurs ou plus de cadeaux ? » C'est dans une grande excitation que Joan, 8ans et Sandra, 6ans, avaient répondu en cœur : « Des cadeaux ! » Voilà ! En bons parents qu'ils furent, la responsabilité fatidique de leur vie, retombait sur la conscience de leur marmots...Alors vive les cadeaux ! Fâcheusement LE cadeau, que représente la venue d'un nouveau-né dans une famille, ce cadeau, ils ne le recevront pas. Ce présent dont on hérite pour toute l'existence. Le petit frère, ou la petite sœur avec qui on apprend à se mesurer aux exigences de la vie sociale, à éliminer toutes chances de finir nombriliste. Celui grâce à qui l'on se doit d'apprendre intelligemment à défendre ses droits et obtenir ce que l'on veut, plutôt que d'être servi sur un plateau sans avoir à déployer le moindre effort. Cet autre, grâce à qui l'on gagne de la maturité, on fortifie son caractère, et on se prépare à sa future vie de famille. Celui-la même, grâce à qui papa et maman restent jeunes encore un peu, et ne finiront pas isolés à la fleur de l'âge, lorsque « l'enfant virgule 8 » vaquera à ses occupations, n'ayant que faire de sa souche. Et pour peu qu'en vieillissant, ces parents soient malades ou malportants, tout le joug de leurs soins retombera sur l'enfant unique, ou les quelques enfants. Finalement ce qui se voulait être une générosité de la part du géniteur, en voulant donner à son enfant le « privilège » de ne pas avoir « trop » de frères et sœurs s'avère être, en fin de compte, un mauvais calcul. La Torah nous enseigne : « Qui est l'homme intelligent ? Celui qui voit ce qui va naître. » A quoi cela tient de s'interrompre à deux ou trois enfants si toute les capacités physique et mentales répondent à l'appel ? Nos calculs s'avéreront-ils vraiment justes ?

Quand il y a un, ou peu d'enfants, tous nos efforts, notre force physique, mentale vont vers eux. S'ils sont, aussi, les rares petits enfants de leurs grands-parents, ils ont de surcroit l'attention de ses derniers. Un tel enfant, même s'il est physiquement en bonne santé, est mentalement étouffé. Il ne peut s'exprimer corporellement, verbalement, expérimentalement, sans qu'on soit sur lui à chaque instant étant la seule source d'occupation de son entourage. Il est le centre de toutes les discussions, de toutes les attentions...Une mère de famille nombreuse témoignait ainsi : « les bébés qui naissent lorsque l'on est épuisée par de nombreux enfants, sortent bien ! Ils se débrouillent mieux, leur notes sont peut-être un peu en dessous des premiers pour qui on a investi beaucoup d'efforts, mais ils sont plus vivants, plus épanouis... » Aujourd'hui on sait bien, que la note ne fait pas la personne !

Les questions par lesquelles Maman se vit apostropher, alors gestante de son 4eme et dernier, furent des plus désolantes: « ça fait désordre ! Jusqu' où va-t-elle aller ?! Comment ose-t-elle ? » Il est évident que le milieu où nous vivons, influence diamétralement sur le nombre d'enfants que nous oserons apporter sur Terre. Dans un pays où l'on aime le silence, l'ordre et les faux-semblants, il est hors de question d'amener de nombreux enfants. Mais dans une nation où la vie l'emporte, où l'on a soif de revanche sur le mal, où l'avenir démographique de cette dernière résulte de notre décision, on ne peut que vouloir faire confiance à la vie, ne pas se mêler de la Décision Divine. Pourquoi aurait-on confiance en D... concernant notre santé, notre sécurité, notre avenir ? Dès lors qu'il s'agit d'amener la vie, inopinément, on pourrait croire que la décision nous revient : « Si la science le permet, pourquoi pas ! » Pardonnez-moi d'avance l'anecdote que je m'apprête à vous livrer : dernièrement, cheminant dans la rue, j'ai piétiné l'emballage d'un préservatif sur lequel il était écrit **Life**. Je me suis arrêtée et j'ai pleuré. Oh ! Combien ce monde de mensonge nous nargue avec ses grossières illusions ? Combien d'âmes n'ont pu descendre, compte tenu de ce moyen de contraception interdit par la Torah ? Combien de bébés potelés ont fini à la poubelle ? Toutes ces étincelles de vie, aux ordures ! Comment peut-on se comporter dans l'intimité comme si D... n'existait pas ou, du moins, juste quand ça nous arrange ! Il existe quand je décide d'aller en pèlerinage sur les tombeaux des Justes, Il existe à Yom Kippour, Il existe lorsque je fais un don pour une association, mais jusque-là ! Il y a des limites ! Comme l'a dit un certain philosophe : « La vocation humaine est trop grande pour nous, c'est pourquoi nous avons rapetissé D... » Lui faire confiance, Ses desseins sont inhumainement bons. Notre réflexion, aussi sage et réfléchie soit elle, n'est rien comparée à la vérité de Ses pensées. Comme le dit la Torah : « Car Ses pensées ne sont pas les vôtres. »

Si l'on se penche un tant soit peu sur la question: « Qu'emporterons-nous, après 120ans ? » Qui pourra dire qu'il emmène des biens acquis dans ce monde ci ? On emmène les actes de bontés. Ils sont notre seule fortune,

215

après notre départ. On peut voir cela comme un indice, le jour de l'enterrement, si l'assistance est nombreuse : à savoir si une personne a répandu le bien autour d'elle ou si elle n'a fait que se servir elle-même cela pouvant être un indice, à savoir si une personne a répandu le bien autour d'elle ou si elle n'a fait que servir sa personne.

Un homme, après 120 ans, quitte ce monde. L'état de sa construction intérieure à laquelle il arrive à la fin de ses jours, sera sa condition pour l'infini. Son niveau de joie, d'honnêteté, de droiture... seront ses acquis dans l'au-delà, et c'est ce qui lui permettra d'avoir une proximité avec le Trône Céleste, dont il est dit : tous les divertissements de ce monde, réunis, n'équivalent pas à un instant passé dans le Monde futur. Une fois là-haut, il n'aura plus le pouvoir de changer. Pas même d'un millimètre. Après avoir fait de son mieux, ici-bas, seule, une chose peut lui permettre d'évoluer en haut, ce sont les actions des enfants qu'il aura laissés sur Terre. Plus ils sont droits, étudient la Torah, et donc attachent de l'importance au respect des parents, même après leur départ, plus ils auront des chances d'évoluer dans les cieux. Les dollars, bien que difficilement gagnés, ne seront pas de bons représentants au jour du jugement ! Si nos enfants réussissent à comprendre l'importance de leurs actes en faveur des parents défunts, nous aurons tout gagné : la lecture de psaumes, l'étude de la Michna, les Mitsvot, les dons, les commémorations saintes, au nom du défunt, et surtout une attitude de droiture au jour le jour, sont le plus grand cadeau que l'on puisse faire à un être cher disparu.

Un jour, lors d'un voyage en Amérique, il arriva que Coby, Léava et leurs deux enfants, une famille Israélienne de bon-vivants, firent un accident, sur un pont dangereux de la commune. A la suite de nombreux tonneaux, ils atterrirent dans une rivière aux eaux profondes. Après plusieurs heures, un hélicoptère de sauvetage fit descendre une corde pour sauver ce qu'il y avait à sauver. Léava, encore éveillée, se pressa d'y accrocher chacun de leurs enfants, finissant par s'agripper elle-même et sombrer dans un lourd coma de plus de 6 mois. A son réveil, on lui annonce que son mari a été retrouvé inanimé. Ses deux enfants sont sains et saufs et résident dans une famille d'accueil et lorsqu'elle en ressentira la force, elle pourra retourner dans son pays d'habitation. Pendant son processus de remise en forme jusqu'à son retour en Terre Sainte, elle avait longuement cogité sur ce qui leur était arrivé. Elle conclut ces interminables réflexions en se disant que cela ne pouvait être un hasard, mais à l'évidence, un Message Divin. Une fois sur pied, puis de retour à son domicile, elle décida d'assister à des cours de Torah et finit inévitablement par se renforcer grandement. Il arriva un jour que son jeune fils, rentra du Talmud Torah (école d'enseignement de Torah pour les petits enfants) tourmenté. Demain il avait un examen complexe, de Michna. Il exprima sa crainte à sa maman quant à son échec. Les derniers cours n'avaient pas été simples.

Léava coucha un petit garçon bien inquiet. Le matin, le retrouvant joyeux et confiant, différent de celui de la veille, elle s'aventura à lui demander comment un tel changement avait-il eu lieu. Il lui annonça, alors, qu'il avait fait un rêve fabuleux. Son papa lui avait rendu visite, pendant son sommeil, et le trouvant abattu, le questionna :

-« Qu'y a-t-il mon fils, pourquoi est tu si triste ? »

-« Papa ! Tu me manques ! »

-« Ne t'en fais pas mon fils, je suis proche chaque jour. »

-« Papa, demain j'ai un examen en Torah, et je n'y comprends rien. »

-« Questionnes moi mon fils, je vais t'aider à te préparer pour ce contrôle. »

-« mais papa, tu n'es pas religieux ! »

-« Mon fils, lorsque je suis monté au ciel, mes mérites n'étaient pas nombreux, mais dès que maman s'est renforcée spirituellement et vous a mis dans un Talmud Torah, tout ce que vous étudiez me permet d'accéder à des niveaux extraordinaires. »

-« c'est vrai ? »

-« Bien sûr, aujourd'hui je suis dans une très grande yeshiva grâce à ton mérite. Allons dis moi le sujet de ton examen et je vais t'enseigner. »

Léava fut fortement bousculée, par ce récit. Un frisson lui parcourut le corps en entier ! De lourds sanglots s'emparèrent d'elle. Son fils lui prit la main et lui dit : « ne t'en fais pas maman, papa est le plus heureux, et grâce à lui, je vais réussir mon examen.»

Plus tard, le professeur s'entretint avec la maman, lui annonçant les résultats déconcertants qu'il avait eu l'occasion de discerner dans la copie de son garçon. L'enfant avait entièrement répondu à toutes les questions avec une précision étonnante. Léava lui raconta le fameux rêve. Le professeur découvrant alors avec effarement la prodigalité de la situation, lui certifiât, qu'en effet, sans une Aide Divine, il n'aurait pu atteindre une telle qualité de réponses.

Qui n'est pas soucieux pour sa future génération ? La question du capital que nous leur lèguerons après notre départ est fondée. Des châteaux de pierre ou de valeurs ? Un empire financier ou spirituel ? L'appellation « Biens » porte à confusion. Il y a ce que l'on appel des biens, qui ne sont bons pour personnes. Un héritage matériel est sujet de discorde entre les proches. Combien d'histoires d'héritage avons-nous ouï dire ? Les biens financiers que nous laissons dans ce monde peuvent être de réels handicaps pour nos descendants, principale source de jalousie, disputes, quiproquos, éloignements, rancœur, mépris. Nous ne sommes pas D... pour décider si le bien que l'on va céder, sera pour l'autre un avantage ou une contrainte, dans sa vie.

On ne peut savoir ce qu'il adviendra des richesses acquis tout au long d'une vie.

Osnat est mariée à David depuis 20 ans. Ils ont ensemble huit enfants. David étudie la Torah tous les jours de sa vie, et sa femme se consacre à l'éducation de leur prospérité. Ils vivent aujourd'hui dans une villa à Ramot (quartier bourgeois de Jérusalem). Un jour je m'aventurai à lui poser la question :

-« Osnat, je suis curieuse. »

-« Quoi donc Paola ? »

-«Si je comprends bien, ton mari étudie la Torah et toi tu ne travailles pas. »

-« C'est juste. Autrefois je travaillais, mais les choses ont fait que le besoin ne s'en est plus fait ressentir avec le tournant que notre vie a pris. »

-« La villa que vous habitez, c'est une location ? »

-« Non, c'est à nous. »

-« Quelque chose m'échappe...vous avez gagné au loto ? »

-« Non ! Le loto n'est pas une occupation très glorieuse ! Je ne pense pas avoir besoin de cet artifice pour recevoir l'argent que D... a prévu de me donner cette année. »

-« Alors comment avez-vous acquis cette maison spacieuse ?! »

-« Un oncle éloigné de mon mari, très riche et habitant en Amérique, a quitté ce monde. Il était vieux garçon, et n'avait aucun héritier à qui léguer sa fortune. »

-« Et alors ?! »

-« Alors on nous a contacté pour récupérer tous ses biens, y compris cette maison ! »

-« Quelle histoire ! »

-« Ce monde est dirigé par le Créateur, au centime près. Alors autant faire sa volonté, le mérite n'en sera que plus grand ! »

-« Pauvre homme que l'oncle de ton mari... toute une vie afin d'amasser cette richesse dont il ne profite plus aujourd'hui ! »

-« Cette vie serait un peu comme une pièce de théâtre à qui on distribuerait les rôles. Chacun prend le rôle qu'il veut, mais au final le scenario reste le même ! »

-« Comment avez-vous réussi à avoir autant d'enfants sans vous soucier des problèmes financiers ? »

-« *Nous avions en tête l'essentiel : l'étude de la Torah , sa mise en pratique, et donner la vie à tous les enfants que D... déciderait de nous accorder, malgré les différentes inquiétudes matérielles qui peuvent assaillir l'homme durant son existence et faisant fi des nombreuses vanités de ce monde, et voilà, l'Aide Divine n'a pas tardé !*»

-« *La logique la plus répandue dans ce monde qui place en valeur première la réussite sociale, est en réalité un mensonge ?* »

-« *be gadol !* »

-« *C'est-à-dire ?* »

-« *C'est immensément illusoire ! Mais que faire la société encourage et est encouragée par cette idéologie du métier, du nombre d'années d'études universitaire, de la carrière...* »

-« *Tu n'as pas fait d'études toi alors ?* »

-« *J'ai commencé à en faire, je suis même allée jusqu'au bout. Mais à croire que plus l'on vit cette aventure extraordinaire d'amener la vie, plus notre cœur et notre cerveau sont sensibles.* »

-« *Sensibles à quoi ?* »

-«*A la vérité et au mensonge, à l'illusion et au réel, aux priorités, à ce qui est important réellement d'après des valeurs fondées. Il ne peut plus y avoir d'amalgames. Les enfants nous font vraiment vivre dans la réalité, eux qui ne sont que pureté !*»

-« *Quel courage d'affirmer des valeurs qui vont à l'encontre de tous les accords sociaux* »

-« *Il y a un prix, mais il y a surtout un salaire !* »

-« *Qu'entends-tu par la ?* »

-« *Assumer ce train de vie et cette façon de penser face aux proches, chacun avec son illusion, sa lubie ou sa croyance, cela demande un réel déploiement de force. Le but n'étant pas de convaincre les autres que l'on détient la vérité, mais déjà d'oser vivre notre vérité.* »

-« *Ça a été difficile ?* »

-« *Tu sais quoi ?! Ce qui m'as couté le plus, finalement, n'a pas été d'oser vivre d'après l'évidence qui m'est apparue au fil des années : une maman a sa place à la maison, et cette réalité est un réel plaisir, avec tous ses « aléas ». Non, le plus dur a bien été d'annoncer aux gens curieux, que j'étais bien une femme au foyer.* »

-« *Pourquoi une telle difficulté ?* »

-« *J'entends toujours : « Quoi tu ne travailles pas ?! Tu n'as pas de diplôme ?! » Et quel que soit le niveau de ma prise de conscience face à l'importance de l'éducation, répondre me demande toujours autant d'effort !* »

-« *C'est dur à assumer de ne pas faire carrière ?* »

-« *Qui a dit que je ne faisais pas carrière ?! Et les enfants, la maison, le couple, toutes ces choses, ce n'est pas la carrière la plus palpitante finalement ?!Lorsque j'entends quelqu'un parler d'une femme au foyer annonçant : « Elle ne fait rien », je suis entre révolte et dérision* »

-« *Et le salaire ?* »

-« *Ah ! Le salaire. Ce sont des enfants mentalement sains d'esprit, ayant en tête les choses essentielles de la vie, telles que des valeurs immuables. Des enfants avec une colonne vertébrale solide*».

Lorsqu'en Egypte, pharaon assaillait les hommes Juifs par un labeur acharné, ces derniers n'avaient plus l'esprit à l'Injonction positive d'engendrer la vie. Ils se devaient de convenir à la demande du roi exigeant d'eux qu'ils fussent, littéralement esclaves. Leur avilissement, raconte-t-on, fut des plus lourds et difficiles de toute l'Histoire. Plus difficile encore que la Shoah ? Le saura-t-on un jour ? Pourtant, les épouses de ces hommes, agirent en vraies héroïnes. Ces femmes, dont le mérite des vertus déterminera, dit-on, la sortie d'Egypte, ne renoncèrent en rien à leurs impératifs, connaissant l'importance de continuer à donner la vie, au-delà des circonstances qui n'en furent point vraiment! Perpétuant leurs visites auprès de leurs chers maris assaillis, elles les gratifiaient d'une pommade à base de graisse de poisson, pour l'enduire sur

224

leurs corps faibles et entaillés. C'est ainsi qu'elles procuraient vigueur et dignité à leurs époux. Puis, lorsqu'elles s'approchaient d'eux afin d'engendrer, l'homme les repoussait prétextant la situation inadéquate : « le moment n'eut pas été le bienvenu pour avoir des enfants » argumentait-t-il. Ces femmes se servaient alors de tout ce qu'elles avaient pour attirer leur mari et avoir des enfants. Des bouts de miroirs pour s'apprêter. Ces mêmes miroirs dont Hashem a dit : « Ils sont aimés de moi (pour la Sainte cause qu'ils ont servis).» Une autre fois, pharaon décréta que l'on précipite tous les nouveau-nés, mâles Juifs dans le Nil. En ce temps-là il arriva qu'un homme Hébreu, décide de se séparer de sa femme, craignant que sa future descendance ne soit anéantie. Sa fille, alors âgée de 8ans, n'étant autre que la petite Myriam, future grande prophétesse, prit connaissance par Inspiration Divine, que son père s'était fourvoyé. La révolte ne l'effraya pas, allant jusqu'à revendiquer à l'égard de son père, qu'il n'était pas meilleur que pharaon. Si ce dernier avait décrété la mort des mâles seulement, il ordonnait, quand à lui, la mort des filles également, en quittant le foyer. Aussi, le décret de pharaon ne serait pas fatalement mis en œuvre, à l'encontre, celui de ce père assurait la mort certaine du peuple Juif. Devant tant de vérité, son père accepta la remontrance, regagna son domicile. De cela naitra Moïse. Le prophète et guide, qui conduisit le peuple des Hébreux hors d'Égypte, l'accompagnant dans le désert pendant

225

quarante ans, leur délivra la Torah donnée par D... Lui-même.

Celui qui ne veut pas avoir d'enfant dans ce monde, est considéré par la Torah comme un assassin, à l'instar d'Er et Onan qui brisèrent leurs voies craignant de voir leurs femmes, déformées par la grossesse. D... les a tués.

Le grand et juste roi 'Hizkiaou prit connaissance, par prophétie, qu'il engendrerait un mécréant. Par honneur pour D... et la sainte Torah, il décida de renoncer aux joies de la paternité. C'est alors qu'un envoyé providentiel, lui annonça qu'il ne tarderait pas à mourir, pour s'être rebellé contre la sainte Parole. Le roi ne put retenir sa consternation. Toute une vie au Service de son Créateur, pour se voir accusé d'être renégat ? Mais quel fut ce péché dont il se vit chargé ? Le premier Impératif Divin, « croitre et multiplier » n'ayant pas été réalisé, sa punition n'allait tarder. Quand bien même son désir fut d'éviter à la Terre de porter un méchant supplémentaire. Le roi regretta alors son attitude, et pris pour femme la fille de l'envoyé. De cela, naitra la lignée de Boaz, grand-père du roi David.

On peut voir au long de l'Histoire, les faits relatés de nombreux hommes décliner leur rôle de géniteur, malgré leurs différents statuts.

L'homme ayant une responsabilité, et non des moindres : entretenir les siens, comme cela est enjoint dans la

Kétouba, a inconsciemment une lourde tache sur ces épaules, qu'il remplisse sa fonction ou pas. Pour peu que son esprit ne s'amalgame, il peut se renforcer dans l'idée qu'engendrer des enfants lui coûtera plus. S'il est croyant, il sait que sa parnassa (subsistance) vient de D..., comme il est dit : « Israël ne dépends pas de la chance. » « ein mazal lé Israel » et plus il fera Sa volonté, moins il aura à s'inquiéter. Mais s'il ne se renforce pas par l'étude de la Torah, il associera l'acte le plus fabuleux que D... nous ait offert à une source de problèmes. La femme elle est appelée par la Torah, « ém kol 'hay », la mère de toute vie. Elle a en elle un instinct de vie très fort, et si elle n'est pas trop corrompue par son environnement, elle ressentira en elle une forte envie d'avoir des enfants. Cette force contraire de l'homme et de la femme a un but bien précis : s'accorder, s'équilibrer. L'épouse doit assumer, jusqu'à en être fière, cette inclination, et doit apprendre à communiquer avec son mari pour lui insuffler cette envie. Elle doit aussi apprendre à lui parler de façon rassurante, pour qu'il puisse se sentir suffisamment en confiance. Avec une voix douce, des mots mesurés, mais sans cacher le fond de son cœur. Si l'envie de pleurer lui vient, elle ne doit pas en avoir honte mais plutôt oser exprimer à son mari ses envies : comment elle voit l'acte fabuleux : amener la vie. La Rabanit Riva Lapidot zatsal, disait « On ne déboule pas sur un débat, on prépare un débat. » On peut aussi prier pour que notre mari accepte d'autres

227

enfants, et enfin, si le terrain est réellement docile, tout n'a pas toujours besoin d'être débattu. Si le mari, ne s'est pas référencé à une autorité rabbinique pour demander un droit de ne pas apporter d'enfants momentanément, la femme peut les amener contre sa volonté, elle a sur qui s'appuyer. arafat a dit aux femmes arabes : « votre seule arme contre les juifs, c'est votre ventre. »

Nous n'avons pas la volonté de nous battre contre un autre peuple dans le but de l'exterminer. Nous avons le but de nous battre pour notre propre sauvegarde. Une célèbre thérapeute a dit« Ça n'est pas contre eux, c'est pour nous ! » Le peuple juif a reçu une grande et belle mitsvah qui consiste à amener la vie sur Terre. Dans Sa grande générosité, c'est un très beau cadeau que D... nous a fait pour nous faire participer à la Création du Monde. Vouloir amener des enfants, c'est la base de la croyance en D....

Le bonheur de la liberté.

Un jour, lors d'un évènement mondain, je rencontrai un ami, qui sans m'avoir reconnue, passa près de moi. Apres un long silence d'observation accompagné d'un visage vraiment déconcerté, il s'enquit : « Paola !? T'es devenue religieuse ? ». C'est sans l'ombre d'un sarcasme que je lui annonçai du plus profond de mon cœur : « Je suis devenue **MOI** ! ». Je laissai un bipède sidéré, dont la bouche tarda à se refermer.

Car la Teshouva ne correspond pas seulement à une flopée d'actes religieux, mais indissociablement à un retour vers sa vraie nature, et avec, la chance de pouvoir se réaliser sans mensonges. Aller vers son essence, en commençant par arrêter de se déguiser. Ne plus accepter ce profond désaccord entre mes actes et la racine de mon âme. N'attester que l'appel intérieur. Admettre en croyant « me faire plaisir » par la consommation d'un interdit par la Torah, comme un certain style vestimentaire, certains medias, une certaine nourriture, certains divertissements, une certaine musique, et pensant être libre du « carcan de la religion », que j'étais en réalité l'esclave de la société humaine. Je suis apostrophée par des remarques semblables à celle-ci : « tu es esclave de la religion », « tu en fais trop », « tu es extrémiste », « tu te gâches la vie » ...eh bien en réalité ce chemin de servitude à D... m'amène vers la **SEULE** et **VRAIE** liberté d'être. Apres avoir savouré le bienfait de la liberté, je ne peux réintroduire la prison, ne serait-ce que le temps d'un instant. L'interrogation innée et indissociable du genre humain,

229

est: « Que pense-t-on de moi ? », en cela nous sommes différents des animaux et du reste de la Création. Quelle que soit la communauté ou la culture à laquelle nous appartenons, cette question fait partie intégrante de notre vie. On peut référer l'interrogation aux humains, aussi puissants ou sages soient-ils, ou s'en remettre au degré au-dessus : D... ! « Que pense-t-Il de moi ? Si j'agis ainsi, vais-je Le réjouir ? » Le niveau n'est plus le même ! Et ainsi l'unique voie pour me trouver s'ouvre à moi. A l'inverse, plus je répondais à « mes » désirs personnels, dictés, en réalité par la société, plus je m'éloignais de moi, plus j'étais intérieurement triste, en désaccord et en colère sans véritablement savoir contre qui ! Je sollicitais perpétuellement un bouc émissaire à mon désarroi, pourtant j'étais la seule coupable. Hormis tout ce qu'elle m'a apporté, la Teshouva m'a fortement appris à jeter sans regret : photos impudiques, chaussures indécentes bien qu'onéreuses, nombre incalculable de livres et magazines de mauvaises influences. A présent, ma maison ressemble plus à celle d'un mormon qu'a une fashionista parisienne, mais croyez-le ou non, mon bien être est incomparable. J'ai acheté ma liberté de penser, de m'affirmer, d'exister. Moi et non pas une copie de popularité à notoriété. Inconsciemment, je collectionnais talons excentriques et tuniques vintages dans l'espoir de voir apparaitre la photo de ma penderie dans un Vogue. D... merci, la discrétion authentique a laissé place à un dépouillement bénéfique. J'ai remplacé les nombreuses ventes de vêtements que j'organisais mensuellement, au travers desquelles, j'avais malheureusement mal-influencé trop de sœurs chères à mon cœur, y compris celle de sang, priant Hashem de me permettre réparation. Aujourd'hui, des cours de Torah ont lieu dans ma maison.

Autrefois, il me semblait, que tant que je n'avais pas décidé en mon âme et conscience d'être « religieuse », le Judaïsme concernait d'autres Juifs que moi. En réalité la seule et unique différence entre eux et moi, fussent que je ne réalisais pas les préceptes, mais astreinte, je le restais. J'en avais lu des philosophes ! Platon, Socrate, Epicure, Sartre, Kant, Nietzsche... Plus tard, je fis la rencontre mémorable du livre : « Les devoirs des cœurs. » de Rabenou Yona Béhayé et son empreinte positive allait m'accompagner tous les jours de ma vaine existence. Ce livre est bien l'unique, parmi tous, méritant d'être lu. Depuis le début de mon renforcement spirituel, je n'ai plus eu l'occasion d'aller nager au bord de la mer, et pourtant le sentiment de vivre en permanence dans un océan doux, généreux, enrichissant, ne m'abandonne pas. Je baigne dans la Torah.

Dernièrement, dans la rue, une jeune fille à l'allure déroutée, me demanda du feu... n'ayant pas de briquet, j'avais une autre sorte de flamme à lui proposer, mais ma bouche ne fut pas en mesure de l'exprimer. Ecrire fut pour moi une meilleure alternative.

En tout cas, une chose est sure, D... merci, le phénomène de vide intérieur, celui me gagnait impunément, ne s'est plus manifesté!

L'écriture de ce livre, n'est rien comparée à la complexité toute entière de l'être humain. Les tenants et les aboutissants ne peuvent y être relatés dans leur intégralité à cause de la multitude qui les compose. Moi-même n'ayant pas conscience de tout le bien auquel la Teshouva a contribué dans ma vie. Ce livre serait un peu comme quelques goutte de mer, rapportées jusqu'à vous, pour vous décrire l'océan tout entier.

Ceci n'est pas une réponse absolue à toutes les questions. Il peut être un itinéraire parmi tant d'autre. La Torah a 70 visages, à vous de choisir le vôtre.

Vous avez aimé ce livre, et souhaitez nous aider à le diffuser ? Vous pouvez rassembler des groupes de personnes pour une présentation du livre ? Ou pour tout commentaire, N'hésitez pas à nous écrire :

flowerandchocolate@hotmail.com

Si ce livre vous a plu, ne le rangez pas sur l'étagère poussiéreuse du salon, vous ne le lirez certainement pas deux fois. Faites-le passer !

Ce livre est dédié à la refoua shelema de

Gino Mordehai ben Helene

parmi tous les malades du peuple Juif.

מוקדש לרפואה שלמה של ג'ינו מורדכי בן אלאן

מתוך כל חולי עמו ישראל.

Merci à mon mari, mon Rav, mon maitre, sans qui je ne suis incomplète. Merci pour les lunettes que tu me prêtes volontairement. Pour l'équilibre que tu m'apportes.

Merci Hashem, pour tout. Et Merci de m'avoir choisie pour écrire ce livre c'était un plaisir. Merci Av Hara'haman, Adon olam, Mele'h mal'hei a Mela'him, Akadosh barouh hou. Hashem, je t'aime.

A mes parents et beaux-parents pour leur dévouement, leur don sans borne, leur éducation équilibrée, leur tendre cœur, le sentiment incessant qu'ils m'ont procuré, d'être aimée inconditionnellement.

Merci à ma sœur adorée, qui s'occupe si bien de notre papa, en plus de son métier d'infirmière qui lui demande tellement d'effort, et sans qui je n'aurai pas pu écrire ce livre.

Merci à mes frères, sœurs, beaux-frères et belles-sœurs, merci pour votre existence douce et agréable à mon cœur. Que nous nous réjouissions tous ensemble de voir notre descendance régner sur un pays d'Israël entièrement conquis, travaillant pour Hashem dans la joie et le contentement du cœur, jouissant d'un Beth Hamikdash reconstruit. Que nous puissions être des modèles de droiture du cœur et de l'esprit, pour éclairer leur chemin. Hazak ou Barou'h pour vos actes méritants. Amen.

A tous les membres de ma famille, à toutes mes amies, vous êtes chers à mon cœur. Je suis heureuse des zivougim (liens) qu'Hashem a composé dans ma vie.

A Martine Sroussi pour sa correction d'une grande précision.

A Zeldesign.com pour son design très artistique, comme toujours.

Merci à mes parents spirituels : Rav Shalom et Liat Wach, Rav et Rabanit Ron Chaya, Rav Eliahou et rabanit Sarah Hassan, Rav et Rabanit Tali Benichai, Rav Benaroch, Rony et Pnina Akrich, Rav Aroush, Rabanit Yemima Mizrahi, Rabanit Efrat Barzel, Rabanit Ziva Meir, Rabanit Riva Lapidot zatsa'l, Deborah Illouz, Rabanit Myriam Mettoudi, Rav Dany et Muriel Cohen, Helene ma madrihat kala, Rav et Rabanit Levanon, Katy Mendelovitsh, Rav Ohad et Rabanit Tirosh, Rav Angleman, Rav Amos Natanael, Rav Yona Goudman, Rav Eyal Vered, Rav Reuven Fireman. Tous les intervenants de Binyan Chalem, de Machon Meir, Rav Cherqui, Rav Aviner.

Rav Benchetrit, Rabanit Fisher, Rabanit Mihal Devash, Rabanit Eliahou, Rabanit Elisheva Kanievski zatsa'l, Judith pour l'organisation des cours de Torah à Pisgat zeev, Rabanit Ahouva Zukerman, Rav Dynovitz, Rav Amnon Itshak, Rabanit Dina Rape, Aviva Azan, le

Machon Meir, Dr Michael Aboulafia, Rav Daniel Radford, Rav et Rabanit Shemesh, Rav Barou'h, Rav Natanael, Rav Ehud, Rav Shimon, Rav Israel Itshak besancon, Rav Eliahou Haviv...

Rabbi de Loubavitch zatsa'l, Rabbi Nahman de Breslev zatsa'l, Rav Avraam Itshak Ha Cohen Kook zatsa'l, Rav Bentsion Aba Shaoul, Rav Mordehai Eliahou zatsa'l, Rav Ovadia Yossef zatsa'l, le Hafets Haim zatsa'l, Rabenou Yona Behaye zatsa'l, merci à tous les autres nombreux enseignants spirituels que j'ai maladroitement oubliés. Que D... vous donne la santé et la force pour continuer le travail de titan que vous réalisez. Que votre enseignement soit intégré de façon véritable, pour donner des fruits délectables. Ishar koah' gadol.

Merci au Aam Israël, qui brille de mille étincelles divines.

Merci à Mémé Shelbia Shalva Sylvie bat Aziza zatsa'l, pour l'exemple personnel qu'elle a été tout au long de sa vie. Merci pour toute tes prières Mémé chérie, pour tes 'sakiot' de pourim, tes pièces d'argent de Hanoukka, ton sourire illuminant, ton amour, ta présence.

Merci Tata Georgia bat Shelbia zatsa'l, pour ton amour, ton écoute, tes dons généreux, ton attention, tes cadeaux, ton étincelle puissante de vie et d'amour. Un jour on saura qui tu étais vraiment.

Que nous puissions donner à Hashem beaucoup de nahat par notre unicité au-delà des diversions de pensées. Que nous n'ayons plus à vivre la dispersion pour apprécier la présence de nos frères et sœurs, malgré les oppositions.

www.leava.fr

www.french.machonmeir.net

www.ravbenchetrit.com

www.binyanshalem.org.il

www.ashira.co.il (Les cours de la Rabanit Yemima Mizrahi et pleins d'autres pour femmes seulement : code 2626)

www.shofar.tv

Livres : La Paracha (Rav Eliahou Hassan) la femme juive, une Torah vivante. (Sarah Hassan) La Féminité. Le jardin de la foi, A travers champs et forets, Sagesses féminines,(Rav Shalom Aroush), oz vé adar levoucha(Rav Pessah Falk), Rabanit Kanievski, Les Fondements du Chabat, les Fondements de la Cacherout, Les Devoirs du Cœur (Rabenou Behaye), Le Respect des parents (Torah box), Le Chmirat Halachone (hafets hayim), Les clefs de la Vie (Rav Zamir Cohen), La Hassidout pour Tous (Rav Dinovisz), Le livre des Segoulot (editions salomon), Un Plus Un Egale Un (Rav Ezriel tauber), Questions au Rav Ron Chaya, Plan de Bataille (Heller Rigler) La Voie des Justes (Ramhal), Quelques gouttes de lumières pour l'éternité (Rav Abergel) ...

Rabanit Tali Benichai : « ce livre est très profond et je m'y relie beaucoup »

Rabanit Chaya : « je n'ai pas lâché ce livre, j'ai beaucoup aimé le style et les explications. Bravo. Ça renforce beaucoup car tu expliques très bien la beauté de la Torah, on sent que c'est vécu.»

Rabanit Myriam Mettoudi : « Ce livre était mon réconfort après une longue journée d'efforts ! Je ne savais pas, ce par quoi tu étais passée ! Je crois que ce livre a un grand potentiel de renforcement. »

239

Maman : « Ma fille ce livre est digne d'une Rabanite et d'une grande écrivain ! J'avais les yeux rougis... Oui, l'écriture était trop petite et cela m'as fatigué les yeux ! ☺ »

Glossaire

AMALEK : Dans la Bible, amalek est le petit-fils d'essav. C'est lui qui attaquera les enfants d'Israël à leur sortie d'Egypte. C'est aussi lui qui incarnera *hamann*, voulant détruire tout le peuple Juif. On dit d'hitler qu'il était amalek. De manière générale, dans le judaïsme, amalek représente l'ennemi archétypal des Juifs.

ALYA : Montée en Israël pour y vivre. Le but de chaque Juif dans ce monde.

« Celui qui vit en dehors d'Israël est considéré comme n'ayant pas de Dieu/comme un idolâtre. » Rachi

ASHKENAZE : Juifs d'origine allemande, de Pologne ou de l'Europe centrale.

AZAZEL : Démon.

BAAL TESHOUVA : Le *Baal Teshouva*, est une personne qui s'est repentit de ses fautes passées.

BAR MITSVAH : Cérémonie lors des treize ans d'un garçon Juif. Il a atteint la majorité religieuse et est alors astreint par tous les commandements. Pour la fille, cela a lieu lors de ses douze ans.

CHABAT : a lieu le Vendredi au soir et se termine le Samedi au soir. C'est un jour de repos, ou n'ont lieu aucun travaux interdits. *« Souviens-toi du jour du repos, pour le sanctifier. Tu travailleras six jours, et tu feras tout ton ouvrage. Mais le septième jour est le jour du repos de l'Éternel, ton Dieu : tu ne feras aucun ouvrage, ni toi, ni ton fils, ni ta fille, ni ton* serviteur, ni ta servante, ni ton bétail, ni l'étranger qui est dans tes portes. Car en six jours l'Éternel a fait les cieux, la terre et la mer, et tout ce qui y est contenu, et il s'est reposé le septième jour : c'est pourquoi l'Éternel a béni le jour du repos et l'a sanctifié. »

Exode 20:8-11 »

CHEMA : Le *Chema*, est un passage de la *Torah* que nous avons l'obligation de lire deux fois par jour. Le soir et le matin, ainsi qu'il est dit « à ton coucher et à ton lever » – à l'heure où les gens se couchent, c'est-à-dire la nuit, et à l'heure où les gens se lèvent, c'est-à-dire le jour. On le trouve dans tous les livres de prières

D... : Le Créateur.

DVAR TORAH : Paroles de Torah contribuant au renforcement spirituel.

ETROG : Fruit acidulé a l'odeur florale prononcée, faisant partie des quatre sortes sur lesquelles nous récitons une bénédiction a *Souccot*.

GALOUT : La Diaspora. Cela désigne la dispersion du Peuple Juif en dehors de sa Terre promise.

GOY/GOYIM : Non-Juif.

GUEZEL : Voler autrui.

GUILGOUL : Réincarnation de l'âme.

HASHEM : Nom du Créateur.

HOUPPA : La cérémonie du mariage. Ce mot décrit aussi le voile a quatre coins, recouvrant les mariés à ce moment précis, à l'image de la tente d'*Avraam Avinou* qui était ouverte aux quatre coins en symbole d'hospitalité envers son prochain, fondement du Judaïsme. Aussi, la Houppa est élémentaire dans son style, pour confirmer que ce ne sont pas les biens, mais les personnes qui constituent le foyer Juif.

KIDDOUCH : Le *Kiddouch*, littéralement : sanctification. Il s'agit de la cérémonie permettant de sanctifier un jour saint, comme le Chabat ou les jours de fêtes. A l'occasion du *Kiddouch*, on récite une bénédiction sur une coupe de vin *cacher*.

KIPPA : Calotte portée par les Juifs pratiquants.

MACOLETTE : Epicerie. Un petit supermarché.

MATSOT : Pain azyme (non-levé) que nous mangeons a la fête de Pessah pour nous souvenir de la sortie d'Égypte, pendant laquelle le pain n'avait pas eu le temps de monter tellement il fallait se depecher pour sortir.

MAZAL : littéralement : chance. Il désigne aussi le futur conjoint.

MITSVAH : commandement de la Torah. La *Mitsva* est notre réel bien dans ce monde et le seul et unique, dans le monde futur. C'est en fonction de leur quantité et qualité que nous recevrons des mérites pour nous-même, notre génération à venir et dans le monde futur. Tout le principe de cette vie est de ne pas oublier pourquoi nous y sommes redescendus...pour réaliser des *Mitsvot* ! Bien que n'ayant pas la compréhension de toute ces *Mitsvot*, nous devons les réaliser par amour pour D... et dans la confiance qu'elles sont bonnes pour nous.

MOUSSAR : Ethique Juive.

PEREK SHIRA : Le *perek shira* a été écrit par le Roi David et son fils, le Roi Salomon. Il contient un très grand pouvoir d'apporter la délivrance à qui le lis quarante jours, en demandant une seule requête à la fois. Ce petit texte, a été prouvé et approuver. Il est plus puissant que tout le Saint Livre des *Tehilim*. Dans notre famille, nous avons de très nombreuses anecdotes concernant son efficacité.

RAV : Rabbin. Personne dont la connaissance en Torah et les compétences reconnues, permettent d'enseigner, de prendre des décisions ou de rendre des jugements d'après la Loi Juive.

SHMATES : Expression ashkénaze décrivant les tissus d'habillement.

SOUCCA : Cabane construite à l'occasion de la fabuleuse fête des cabanes. Ce commandement nous donne l'occasion de vivre dans une cabane pendant sept jours, mettant de côté toutes les taches ménagères quotidienne, dans un but de se rapprocher de D...

PARASHA : La *Parasha*, est le morceau de bible lu publiquement chaque Shabbat à la synagogue. Il est une *Mitsvah* d'étudier la *Parasha* adéquate, dans la semaine **correspondante**. Ainsi l'on lira toute la Bible entièrement chaque année.

SEFER TORAH : Le *Sefer Torah* est le rouleau de parchemin dans lequel est retranscrit à la main, par un scribe qualifiée, tout le contenu de la Torah, le livre le plus saint du Judaïsme. Il est disposé dans la synagogue à l'intérieur de l'armoire Sainte, et on le sort pour y lire la *Parasha* de la semaine.

TEFILINE : Phylactère. Boitiers reliés par une lanière de cuir, contenant quatre passage bibliques, portés par les hommes lors de la lecture du *Shema* et de la prière matinale, sauf le *Chabbat*.

TIKVA : Hymne National Hébreu.

TORAH : La Torah contient les enseignements Divin, transmis par Moise, ainsi que tous les enseignements qui en découle. On y décompte 613 commandements.

TESHOUVA : Retour vers D.... Regret des fautes commises à l'encontre de la Torah et de ses prescriptions.

YETSER ARA : Littéralement, mauvais penchant. Lui-même ayant été créé par D... et octroyé à l'homme pour rétablir le libre-arbitre.

YIHOUD : Lois concernant l'interdiction d'une femme et d'un homme, n'ayant pas de liens conjugaux, se retrouvant isolés dans un endroit. Les lois sont multiples et définissent quelle situation est permise ou interdite. Exemple : un homme et une femme, qui ne sont pas mariés ensemble, ne peuvent entrer, seuls, dans une pièce fermée, même s'ils sont fiancés.

Imprimé à Jérusalem, Israël.

flowerandchocolate@hotmail.com

Tout droits de traduction, d'adaptation et de reproduction, sous quelque forme que ce soit, réservés pour tous pays.